El Silencio No es una Opción

Una historia sobre la superación del abuso, la ansiedad y la depresión

por
Argentina Parra

El Silencio No es una Opción: Una historia sobre la superación del abuso, la ansiedad y la depresión
© 2019 Argentina Parra
ESTE LIBRO HA SIDO TRADUCIDO AL ESPAÑOL
Título Original: Silence Is Not an Option

Todos los derechos reservados. Este libro o cualquier parte del mismo no puede ser reproducido ni utilizado de ninguna manera sin el permiso expreso por escrito del autora, excepto para el uso de citas breves de alguna reseña del libro.

Primera impresión: 2019

Este libro fue editado, diseñado, presentado, revisado y publicado por un equipo de Editwright. Visita editwright.com para más trabajos de Editwright.

Edición de desarrollo, edición de copias en inglés y diseño de libros en inglés y español por Andrew Doty
Diseño de portada por Andrea Melania Rodríguez Moon
Modelo de foto de portada: Carly Angela Mazur
Edición de copias en inglés por Karen L. Tucker
Traducido al español por María Isabel Espinal de Aza
Corregido en español por Gaudis Sánchez Santelises
Publicado por Not Broken LLC

La autora comparte sus experiencias de aliento y empoderamiento como oradora pública para clases, talleres y eventos especiales. Para contactar a la autora, utilice el formulario de contacto en ArgentinaParra.com.

ISBN: 978-1-7328289-2-6

Número de control de la Biblioteca del Congreso: 2019917012

Códigos BISAC:
BIO002030 BIOGRAFÍA Y AUTOBIOGRAFÍA / Cultural, étnica y regional / Hispano y latino
BIO026000 BIOGRAFÍA Y AUTOBIOGRAFÍA / Memorias personales
BIO022000 BIOGRAFÍA Y AUTOBIOGRAFÍA / Mujeres

Los eventos descritos en estas páginas son las mejores memorias de la autora.

Aunque todas las historias contenidas aquí son reales, algunos nombres y detalles han sido cambiados para proteger la privacidad de las personas involucradas.

Dedicado a mi madre y a mi abuela por siempre tener tiempo disponible para escuchar mis problemas y mis luchas, a pesar de tener los suyos propios.

ÍNDICE

Introducción i

La casa de mi padre 1
Creciendo y soñando en escapar 9
Sabella y mi plan americano 15
El sueño se desvia 21
Mi Leonardo, casi mío 31
Luchando por Leonardo 41
La lucha continúa 47
Una nueva vida 53
Un nuevo hogar para nosotros 59
De regreso a américa 65
Por nuestra cuenta 71
Richard está a cargo 75
Suficiente, es suficiente 83
Un nuevo comienzo 91
Amor y fe van de la mano 95
Comenzar de nuevo 101

Epílogo 105
Nota de Leonardo 111
Nota de Sabella 113
Victoria 115
Agradecimientos 117

Sobre la autora 119

Introducción

El ciclo del abuso es difícil de romper. Mi madre fue abusada por mi padre casi todos los días. Mientras crecía, vi ese comportamiento tan seguido que me parecía una experiencia normal. Por eso mismo, confundía el amor con la ira y la rabia. Pensaba que era un paquete que venía junto. Luego vi la película "Color Púrpura", en la cual Oprah Winfrey interpretó el papel de Sofía, una mujer fuerte que se rehúsa a ser abusada por más tiempo, y su problemática me inspiró.

Para mí, la película fue una llamada para despertar. En aquel tiempo, yo estaba casada con un hombre abusivo, pero no me había dado cuenta. Mirando hacia atrás, pienso que estaba viviendo la misma situación de muchas mujeres abusadas. Después de toda una vida, compartiendo con tiranos, quienes supuestamente me amaban, aprendí que la única forma de vivir con ira y hombres dominantes, era aceptándolos o evitándolos lo más que pudiera. Hasta entonces, no entendía que eran abusivos. Esa palabra no era parte de mi vocabulario.

Una vez escuché un dicho que si pones una rana en agua hirviendo, ella salta fuera del agua, pero si la pones en agua fría y calientas el agua lentamente, ella se queda y el agua hierve hasta que la rana muere. Eso es abuso. El hombre que más abusó de mí, me deslumbró tanto y me mantuvo cómoda hasta estar seguro de tener mi confianza. Luego súbitamente la destrozó antes de tener la oportunidad de darme cuenta de que era verdaderamente violento. Cuando entendí mi situación, estaba físicamente quebrantada y luego completa y absolutamente deprimida. Cuando este hombre me rompió un brazo poco después de nuestra boda, finalmente supe que tenía que salir; así que comencé a prepararme silenciosamente para liberarme. Primero, me convencí que podía hacerlo, luego planeé mi escape, el cual tomó mucho tiempo. Tenía que volverme mentalmente estable y físicamente capaz de lidiar con mi abusador antes de poder salir. Igual de importante, tuve que aprender a hablar por mí misma, a buscar ayuda cuando la necesitaba y a obtener la independencia en mi país de adopción.

Incluso cuando estaba pensando en escapar, no me consideraba como alguien que podía sostenerse por su propia cuenta. Tenía unos cuarenta y pocos años con tres hijos, sin suficiente educación y sin un lugar a dónde ir. Incluso después de que me fui, era difícil creer en mí misma o en lo que podía hacer. A veces, el autodescubrimiento es solitario y triste. Pero ciertamente fue necesario. Fue mi mayor logro. Después de muchas horas de reflexión personal y terapia, he aprendido el valor de la autoestima, cómo confiar y creer en mí misma, y cómo romper el ciclo de abuso. Lo último que quería era ser como mi madre: atascada con un marido que no hacía nada más que lastimarla. Entonces, seguí el consejo de mi abuela: me hice alguien en quien creer, y luego, lo mejor de mí se convirtió en mi verdad. Regresé a la escuela y al trabajo, pasé muchas horas con mis hijos, hice nuevos amigos y fortalecí las viejas relaciones, y me aseguré de tener suficiente tiempo para mí. Ahora tengo una carrera increíble y una historia fantástica que contar. Finalmente, me he convertido en la persona fuerte que necesitaba ser cuando era más joven, y ahora, estoy ayudando a otros con lo que he aprendido.

Escribí este libro como una forma de curación. Llegar a los Estados Unidos cambió mi vida, como lo ha hecho para muchos otros. Desde que llegué a este país, he aprendido lecciones importantes, como hablar por mí misma, buscar ayuda cuando me siento mal, aprender inglés y las habilidades necesarias para tener éxito en la vida cotidiana. Con el abuso, el silencio no es una opción. Aunque mi camino tomó un tiempo, encontrar mi voz me ha liberado.

Para cualquiera que lo lea, me alegraría saber que mi historia podría ser una fuente de consejos e inspiración, ya sea que haya nacido en los Estados Unidos de América o en cualquier otro lugar. Sinceramente, espero que este libro pueda tocar tu vida y cambiar tu forma de pensar, porque al escribirlo, modificó la mía. Los pasos que tomé para crecer cambiaron mi vida y me dieron el éxito que quería.

Deseo que esta historia pueda inspirarte y ayudarte a encontrar la ayuda que necesitas. Al final encontrarás recursos para aquellos que buscan escapar del abuso. Si estás en una relación abusiva, solo recuerda que el agua puede estar hirviendo, pero aún puedes salir de la olla. Es posible. ¡Lo he hecho!.

LA CASA DE MI PADRE

Mi padre en realidad era dos personas. En la casa raramente no le quitaba las manos a la botella de vodka. Durante el día, era el respetado hombre de negocios, y cuando estaba sobrio, era un padre amable y amoroso. Aportó un hogar cómodo para nuestra numerosa familia y aconsejaba a cada uno de nosotros de estudiar y trabajar duro para poder tener algo propio en el futuro. Él era un hombre más bien bajo, no medía más de 5 pies y 6 pulgadas y siempre llevaba puesta una gorra de baseball y una sonrisa cálida cuando no estaba tomando alcohol. Pero cuando llegaba a la casa del trabajo, comenzaba a tomar directo de la botella, lo que significaba que su gentil comportamiento en minutos se convertiría en agresivo.

Hasta el día de hoy, mis recuerdos de la infancia están llenos de imágenes horrorosas de mi padre golpeándonos repetidamente a mí y a mis nueve hermanos con su cinturón. Para mí, cada día después de la escuela era un campo de batalla. El no saber cuándo ni dónde mi papá pudiera pegarme me horrorizaba. Como él casi siempre estaba borracho y éramos tantos, yo no era la única que tenía que pasar por esa agresión. Nosotros diez y mi maravillosa mamá aguantábamos lo más fuerte de su furia cuando su borrachera lo consumía todas las noches. Para mis hermanos menores era bien difícil. Recuerdo claramente cuando tenía 6 años de edad, que mi hermanito se agarraba fuerte de mí cuando mi padre entraba al dormitorio.

Cada día, salía a trabajar temprano en la mañana para abrir la tienda que tenía en Los Jardines, Santo Domingo, en la República Dominicana. Mi padre asistía regularmente a la iglesia, y todos los días se levantaba temprano para administrar su tienda. Nunca comenzaba a beber hasta después del almuerzo, pero cuando llegaba a casa, comenzaba la verdadera bebida. A medida que avanzaba la noche, su ser apacible y profesional desaparecería mientras agotaba su licor. Luego agarraba cualquier cosa que estuviera a su alcance – cinturones, cepillos de pelo o zapatos- y golpeaba a cualquiera que estuviera en su camino. Sus golpes eran duros, sus burlas y el intenso control que ejerció sobre nosotros fueron aterradores.

Cuando yo tenía 8 años, él me hacía prepararle sus tragos y se los llevase. Si no lo hacía lo suficientemente rápido, o si no le gustaba como mis hermanas lavaban los platos, les gritaba o les pegaba a cualquiera que estuviera cerca de él. Cualquier cosa lo hacía enojar y por eso sentía temor de regresar a casa después de la escuela, solo de pensar en que su temperamento estallara en mi dirección.

Mi padre sobrio era un hombre serio que siempre tenía un plan para todo en la vida. Para él cualquier cosa podía ser una oportunidad de negocio. Casi siempre pensaba en nuevas ideas de negocios y fue muy buen proveedor de cosas materiales a nuestra numerosa familia. Siendo muy joven asistió al servicio militar por una corta temporada y luego de ser dado de baja tuvo la brillante idea de abrir supermercados cerca de las bases militares para las esposas y los hijos de los soldados, permitiéndoles a estas familias tener cuentas abiertas, las cuales podían pagar al final del mes. Sus tiendas se volvieron muy populares, y nunca tuvimos problemas en conseguir lo que necesitáramos, a pesar de que éramos tantos hermanos. Él siempre se aseguraba de que todos los miembros de la familia cenáramos juntos cuando él llegara a la casa.

Sin embargo, cuando estaba en una diatriba enojado y borracho, nuestro padre le quitaba el dinero que nuestra madre usaba para los gastos de la casa, y nos obligaba a mis hermanos y a mí a hacer nuestra tarea a la luz de las velas, con el pretexto de que él era el único en la casa que pagaba la electricidad. Todas las noches miraba por encima de mis tareas y las verificaba, debían estar perfectas y listas en el momento exacto que él las pidiera. A pesar de que yo era buena estudiante y terminaba mis tareas a tiempo, él pensaba que yo no era lo suficientemente buena y siempre me lo recordaba.

Debido al estatus que mi papá tenía en la comunidad, mi madre nunca le comentó al sacerdote sobre el abuso que ejercía sobre nosotros. Si bien los vecinos escuchaban los gritos, nunca podrían imaginar su arrebato cuando se emborrachaba, o que nos pegaba. Incluso si lo hubieran sabido, no hubiese habido ayuda disponible para nosotros en ese momento. Mi mamá no sabía de ninguna organización que ayudara a familias a escapar del abuso; en nuestra cultura, no se reconocía ni se discutía nada sobre el tema. Eso no se hablaba o solo se ignoraba. Teníamos miedo de decirlo, y aunque lo hubiésemos hecho, nadie podía ayudarnos. Nuestro progenitor nos decía que nuestra vida dentro de la casa era privada. Y por miedo, nos quedábamos callados.

La luz de mi esperanza en aquel tiempo era mi paciente y comprensiva abuela, Rhafaela, por su sabiduría y comprensión. Mi abuela era bella por dentro y por fuera. Ella era una mujer bajita, delgada, de piel blanca y pelo corto. Recuerdo que siempre me recibía con una sonrisa cada vez que iba a visitarla, y siempre que hablaba conmigo mis orejas se levantaban para escuchar sus palabras. Los sabios consejos de mi abuela me guiaron durante toda mi niñez y mi adolescencia, y me ayudaron a crear una vida mejor, como una mujer fuerte e independiente. A medida que pasaban los años, realmente entendí lo mucho que me ayudaban sus consejos. En cada escenario en que mi vida era afectada, ella no sólo tenía la respuesta inmediata, sino que la explicaba de una forma que era fácil y agradable de entender.

Cuando era pequeña, mi abuela con frecuencia me decía, con su voz suave y reconfortante: "Si crees en algo y trabajas duro, puedes lograrlo".

En ese momento, creía en muchas cosas; creía (y sigo creyendo) en Dios; creía en el amor (y todavía creo), pero como muchas personas, nunca pensé realmente en creer en mí misma. En lo que a mí respecta, había miles de millones de personas como yo, así que no pensaba que creer en mí misma fuera una gran preocupación. Mi historia estaba lejos de ser un cuento de hadas; me sentía sin importancia. Mientras tanto, las historias apasionadas de mi abuela apuntalaron mi alma.

Una de mis historias favoritas fue cuando ella conoció a mi abuelo, Fernando, a final del año 1940 en París, la ciudad del amor, que era la ciudad natal de mi abuela. Ella tenía apenas 19 años y él era mucho mayor que ella. Cuenta que un día iba hacia el mercado próximo a su casa, con su madre, mi bisabuela Stella, cuando de pronto vio a este joven alto y guapo, navegando por las tiendas en busca de jabón de baño. Después de cruzar miradas uno con el otro, él se le acercó. Ella dice que él llevaba puesto un uniforme blanco de marinero, y que cargaba el sombrero cerca de su pecho. Mi abuelo era dominicano, hablaba español y muy poco francés, por lo que llevaba con él un diccionario español-francés, junto con otros libros, algunos papeles y unos mapas, por lo que era obvio que era un turista, lo que conmovió a mi abuela.

Ella dice que fue "amor a primera vista" una vez que su mirada se fijó en él, en su corazón sintió que ese sería el hombre con quien se iba a casar. Solo de verlos juntos, creo que el amor entre ellos creció más y más a través de los años. Ella me dijo que cuando Fernando se presentó y tímidamente le preguntó por su nombre, con su francés mal hablado, ella se echó a reír y luego respondió dándole su nombre y su dirección. Fue un movimiento audaz en ese momento para que una joven diera información personal a un extranjero. Ella siempre nos dijo que no podía creer que había hecho algo así. Después de una semana de espera impaciente sin saber de él, Rhafaela finalmente encontró a Fernando llamando a su puerta. Sostenía una sola flor de Lavandula stoechas púrpura, una flor de lavanda española. Pasaron un tiempo juntos, hasta que terminó su licencia. Ella esperó a su marinero dominicano, y cuando terminó de cumplir el servicio en su país, regresó a buscarla para casarse con ella y traerla a su hogar en la isla.

Aunque fue difícil para ella dejar su familia y a su Francia natal, mi abuela decía que su amor por mi abuelo hizo que ella se mudara a la República Dominicana y así tener su familia. Tuvieron dos hijas: Luna Salomé y luego mi madre: Manuela. Mi tía y mi madre eran muy cercanas. Desde su infancia, hasta el día de hoy. Tía Luna Salomé ha sido para mi madre su apoyo y su confidente, ella siempre ha estado disponible para escuchar y aconsejar a nuestra familia y continúa siendo un apoyo para todos nosotros.

Los cuatro vivían felizmente en una casa pequeña, con un balcón decorado con bellas flores, especialmente color púrpura. Ese era el color favorito de mi abuela, era una mezcla de dos colores fuerte: el rojo y el azul. Ella me decía, "que el color rojo representa la felicidad, (era como ver el mundo a través de cristales rojos), y el color azul representa la tristeza (era como estar desanimado). Cuando los dos colores se combinan, se logra un balance, lo que es muchas veces tener una vida equilibrada".

París es un balance en muchas maneras. Ella decía "que el clima es cálido y fresco, pero nunca el extremo" era un lugar donde "todo el mundo amaba visitar para caminar o visitar museos y los hermosos parques y jardines que hay en todas partes". "Siempre hay tiempo para pan y café, o vino tinto". Ella sonreía cuando hablaba de Francia.

Para ella, su amor y devoción por mi abuelo, estaban representados por el color rojo. La combinación de rojo y azul le dio armonía a su vida, dijo, y ella vivió su vida como si todo fuera púrpura.

Recuerdo que mi abuelo siempre olía un poco a cigarrillo y su rostro aparentaba como si siempre estuviera serio. El era amoroso y cálido, pero también podía ser estricto cuando tenía que serlo.

Por otro lado, mi abuela, fue una mujer brillante. Era excelente cocinando. La cocina siempre olía a cazuelas y pan. Amaba cuando me dejaba ayudarla a preparar la ensalada. Ella adoraba su cocina, pequeña pero bien iluminada. Su cocina tenía una ventana en la que había una planta de orégano, la cual solo ella podía regar. Recuerdo cuando ella cocinaba, trataba de mantener a mi hambriento abuelo fuera de la cocina, pues siempre trataba de probar la comida antes de que estuviera lista y servida. Ella le regañaba y le decía: "pero es que no puedes esperar unos minutos más, hasta que todo esté listo". En mi mente, ellos eran la definición perfecta del amor.

Mi abuela era una fuente de inspiración en muchas maneras. Ella me enseñó a ser fuerte y dulce a la misma vez. Por ella aprendí a amar las plantas y cuidarlas. Ella sembraba flores tropicales, como las margaritas, buganvillas, su favorita, y la lavanda española. Hasta hoy día, cuando cuido de mi jardín la recuerdo y me hace feliz, lo uso para calmar mi ansiedad.

Otra de sus lecciones era, "Siempre mantén tu barbilla en alto (frente en alto), y tus ojos mirando al frente, sin importar la situación". Todavía hoy la recuerdo cuando necesito aumentar mi confianza. El amor de mi abuela y sus sabios consejos ayudaron a mi madre, Manuela, a adquirir la fuerza para enfrentar enormes retos con sabiduría. Eventualmente, sus ejemplos de vida, me dieron el valor para enfrentar mis propios miedos y retos.

Así como mi abuela, mi madre era fuerte y muy inteligente. Una mujer valiente que supo criar a diez hijos y manejarse con un esposo alcohólico y abusivo. Siempre pensé que ella tenía el corazón de un ángel. Sin importar lo abusivo y "mandón" que mi padre hubiera sido la noche anterior, mi madre siempre despertaba al día siguiente con una actitud positiva y se comportaba amorosamente. Cada día, nos preparaba a todos un delicioso desayuno y mostraba verdadera preocupación por cada uno de nosotros en un mal día, incluso a mi padre, que a menudo era la causa del mal momento. Después del desayuno, ella repasaba la comida que tenía pensado preparar, para asegurarse de que todos estuviéramos de acuerdo.

Una mujer verdaderamente hermosa, física y espiritualmente, mi mamá, de estatura baja, siempre andaba segura de sí misma, elegante y bien vestida. Siempre se ponía lápiz labial y perlas, sin importar la hora del día, como muchas mujeres elegantes de la República Dominicana en aquella época. Ella olía a vainilla dulce que se quedaba en su piel y calmaba el aire a su alrededor. Era la mano suave y el corazón cálido frente a la ira y el abuso de mi padre. Cómo ella lo manejó, no lo sé, pero su consejo era: "Siempre presta atención a tu entorno". Fue un buen consejo, y fue algo que más tarde aprendí, pero casi siempre muy tarde.

Ella nos decía a cada uno de nosotros: "Si cada día puedes levantarte sin problemas, entonces mañana no hay nada de qué preocuparse".

Antes de que mi madre se casara, era voluntaria en nuestra iglesia y dijo que seguiría dando sus servicios después de que comenzara su familia. Ella había conocido a mi padre en un concierto cuando eran jóvenes. Después de bailar toda la noche y de hablar de sus metas y sueños, se enamoraron. Los dos soñaban con tener una gran familia y hablaron de matrimonio. Sin embargo, mi padre decidió alistarse al servicio militar. Mientras servía en la milicia, mis padres decidieron esperar a casarse, y con el tiempo, perdieron contacto. Después de que finalizó su servicio, regresó a la ciudad y, tan pronto regresó, encontró a mi madre y reavivaron su relación. Se casaron en el verano del 1966, fue una boda pequeña en la iglesia y la recepción se llevó a cabo en el patio de la casa de mi abuela, junto a sus amigos y familiares. Mi madre estaba hermosa, y mi padre veía exactamente lo que yo veía cuando era una niña, esa perfecta figura angelical que parecía que nunca había visto un mal día en su vida, a pesar de la inestabilidad de mi padre.

Nuestro abuelo paterno había fallecido por alcoholismo cuando mi padre era joven, pero años más tarde, descubrimos que el abuelo tenía una familia secreta. Era un hombre duro, un granjero que bebía mucho Brandy y que obligó a mi padre a dejar la escuela para ayudar en el campo. Al igual que el abuelo, mi padre también vivió una vida secreta que desconocí hasta que tenía ocho años, cuando me pusieron a cargo de lavar su ropa. Mientras limpiaba sus bolsillos antes de poner su ropa en la lavadora, encontré fotos y números de teléfono en hojas de papel. Un par de años más tarde, supe quiénes eran las personas de la foto, cuando descubrí que tenía dos hermanos fuera del matrimonio de mis padres. Yo estaba tan dolida, pero guardé el secreto por el bien de mi madre. Lo último que quería era que ella se enterara de esto. Más tarde, supe que ella ya lo sabía.

Cuando tenía unos nueve años, un niño de ojos brillantes y pelo rizado fue dejado en la puerta de la entrada de mi casa. Resultó que era nuestro medio hermano de tres años, y mi madre fue obligada a criarlo por mi dominante padre, quien afirmó que estaba preocupado por la crianza que el niño estaba recibiendo de su madre, porque no tenía "honra".

Mis hermanos y yo quedamos impactados por la nueva llegada, especialmente uno cuya presencia nos avergonzó y nos hizo ceder espacio para él en nuestra casa abarrotada (que ya estaba llena de seis niñas y cuatro niños compartiendo dormitorios, con solo un baño y medio para toda la familia) y, sobre todo, compartir la atención de nuestra madre. Era extremadamente tímido y de buenos modales, pero le dijimos que no había lugar para él y, al principio, decidimos ignorarlo por lealtad a nuestra madre.

Pero nuestra sabia y cariñosa madre nos recordó: "Todos sean amables; es su hermano y ahora es parte de nuestra familia. Debemos tratar de que se sienta bienvenido".

Siguiendo su ejemplo, gradualmente nos fuimos acercando a él y finalmente lo aceptamos y aprendimos a amarlo. Mamá le compró una pequeña cama, pero él terminó durmiendo con todos. Parecía que le gustaba estar con su nueva gran familia, con tantos hermanos y hermanas con quienes jugar. Desafortunadamente, como él estaba en la casa de nuestro padre, también fue golpeado, como todos los demás. Después de seis años con nosotros, eligió regresar con su madre, pero todos hemos mantenido una relación estrecha con él hasta el día de hoy.

CRECIENDO Y SOÑANDO EN ESCAPAR

Mientras iba creciendo, mi hermano mayor, Poli, y yo, éramos muy unidos. A pesar de que él, como el mayor de la familia, tenía muchas responsabilidades, siempre me dedicaba tiempo. Recuerdo que me enseñó a jugar baseball y a andar en bicicleta. Salíamos a pasear a menudo y todo nuestro tiempo libre la pasábamos juntos. Él era mi mejor amigo. Aprendí innumerables lecciones de él. Recuerdo que una vez me dijo que lo más importante en el baseball y en la vida, era mantenerse concentrado y fijar siempre la vista en la pelota. Desde esa vez no pude olvidar esa frase.

Cuando pienso en eso, él me recuerda al dios griego Apolo, dios de la protección. Siempre me cuidaba y solo elegía peleas cuando sabía que las podía ganar. Poli es un hombre inteligente, ha trabajado duro para convertirse en quien es hoy, un abogado muy respetado en la República Dominicana, por quien siento gran orgullo.

Él siempre fue cariñoso y protector, y tengo suerte por eso, considerando que mi padre era un borrachón enojado. Cuando mi padre no conseguía lo que quería, se enfurecía, y mi hermano y yo escondíamos sus armas por nuestra propia seguridad. Cada vez que mi padre se acercaba cuando estaba enojado, Poli estaba delante de mí, actuando como un escudo humano. Nuestro padre y nuestra madre peleaban a menudo, y en una de esas peleas, se puso tan serio, que sostuvo un cuchillo en la garganta de mi madre.

Él comenzó a gritar: "¡Yo soy el dueño de esta casa! ¡Yo pago las cuentas!" Mi madre le rogó a mi papá que se calmara y pensara en los niños. Con solo diez años de edad, estaba segura de que mataría a mi madre ahí mismo. Me encontraba aterrorizada por lo que estaba sucediendo, pero mi hermano saltó entre ellos. De repente, mi padre se ablandó, retrocedió y dejó el cuchillo sobre la mesa como si nada hubiera pasado.

En una de las peores noches, mi papá había llegado tropezando y malhumorado. Mi hermanita de meses de edad que dormía en una cuna en la habitación de mis padres, mientras mi papá entraba, comenzó a llorar y llorar. Mi madre trató de consolarla, pero cuando la dejó en la cuna no dejó de llorar. Oí a mi papá gritarle a la bebé, y le decía a mi madre: "Levántala y arrójala al suelo."

Mis hermanos y yo escuchamos a mi madre gritar y corrimos a la habitación donde mi hermanita yacía muy quieta en el suelo. Ella había vomitado y estaba inconsciente. Dejando a los demás niños en casa, mis padres la llevaron al hospital. Los médicos y las enfermeras pensaron que no sobreviviría. Esperamos frenéticamente para escuchar cómo estaba nuestra hermana, pero nadie nos decía lo que estaba pasando, solo que ella estaba en el hospital. Después del incidente, mi padre no recordó lo que pasó y mi madre no dijo nada. Como siempre, no sabíamos qué hacer y teníamos mucho miedo de hacer preguntas. Quería decírselo a alguien, pero sabía que no podía. Sabía que si hablaba me metería en problemas, así que me quedé callada para mantener la paz. Pensé que la bebé moriría esa noche, pero afortunadamente, después de dos meses, se recuperó. Regresó a casa con la cabeza afeitada y problemas auditivos. No pudo escuchar por su oído derecho durante mucho tiempo. Nunca le contamos lo que sucedió esa terrible noche. Para el resto de nosotros, fue una noche que nunca olvidaremos.

Lamentablemente, mi mamá no tenía ayuda, ni esperanza. Eran otros tiempos y una cultura diferente. No tenía más remedio que guardar silencio sobre lo que estaba sucediendo en casa. Una mujer con diez hijos, no podía dejarlos, ni llevarlos a ninguna parte. Por muchas noches, pudimos oírla llorar sola, mientras ella pensaba que estábamos dormidos. A mi tía Luna Salomé, que era una empresaria inteligente y profesional, además de esposa y madre, no le gustaba cómo mi padre trataba a mi madre. A menudo intentaba persuadirla para que saliera de esa relación abusiva, porque quería que mi madre tuviera una vida mejor. Por mucho que amara a su hermana y apreciara su aliento, mi madre sintió que no tenía más remedio que quedarse. A mi padre nunca pareció gustarle mi tía, lo que fue muy duro para mi madre porque siempre han sido muy cercanas.

Años más tarde, cuando le preguntamos a mamá, "¿Por qué te quedaste con papá?," ella dijo. "No sabía a dónde ir, y tenía que cuidar de todos ustedes."

Pero a medida que crecíamos, cada uno de nosotros sabía que queríamos salir de allá. No queríamos terminar en la situación de nuestra madre. Nuestro padre era peligroso cuando estaba borracho, y cuando no era violento, era agresivo y verbalmente abusivo. En su casa, él era el rey, y nos hacía sentir menospreciados, asegurándose de que lo supiéramos.

Entonces, a medida que Poli y yo, junto con el resto de nuestros hermanos, crecíamos, éramos más fuertes y aprendimos a esquivar a mi padre tanto como pudimos, desapareciendo de su vista, generalmente a nuestras habitaciones. También descubrimos que debido a que éramos muchos, estábamos más seguros. También nos dimos cuenta de que estaba envejeciendo y estaba más cansado, y nosotros podíamos correr más rápido. Nosotros que éramos los mayores, que tuvimos el "privilegio" de preparar sus tragos nos cansamos de esa tarea y de su resultado. Finalmente, nos dimos cuenta de que si escondíamos su cinturón y su licor, después de que él terminaba arrebatado en su alcohol, generalmente se quedaba dormido antes de que comenzaran las palizas.

No todos los recuerdos de mi papá son malos. Disfrutaba cuando nos llevaba a comer un helado los domingos. Uno de los mejores recuerdos de mi infancia era cuando íbamos a la granja de mi tío Pablo. El tío Pablo era de estatura baja y de tez oscura, con ojos felices, y siempre estaba bromeando y haciéndonos reír. Aunque era mayor que mi padre, él era tranquilo de naturaleza, tal vez por estar afuera de la ciudad y hacer lo que amaba, trabajando con los animales y la naturaleza. Mi tío, su esposa y sus dos hijas vivían en una finca que estaba a cuatro horas de la ciudad, y de camino a su casa, cantábamos las canciones favoritas de mi padre.

Cuando llegábamos a la finca del tío, montábamos ponis y recogíamos plátanos y aguacates. Allí todo era hermoso, muchos árboles, vegetación y tantas estrellas visibles por la noche. Para nosotros, ir de visita a ese lugar era emocionante porque era la única vez que teníamos la oportunidad de escapar de los azotes de papá. Además de la belleza de la finca, yo pienso que uno de los momentos más inolvidable de estos viajes, era cuando mi padre y tío Pablo reunían a todos los niños para el festival de canciones, generalmente alrededor de una fogata. El tío Pablo era un muy buen músico; tocaba su acordeón en eventos y clubes locales. Cuando veníamos de visita, sacaba su acordeón, y mi padre tocaba la marimba, y bailamos merengue. A medida que avanzaba la noche, tío Pablo y papá contaban historias divertidas y tristes sobre su infancia y su padre. Esto fue muy especial para nosotros porque ninguno de nosotros, tuvimos la oportunidad de conocer al abuelo. También fue bueno ver a mi padre relajado y disfrutando de estar con el tío Pablo y con nosotros.

De hecho, papá nunca estaba tan feliz como cuando estaba con mi tío. Creo que mi tío sacaba lo mejor de él. Puedo recordarlo reír tanto hasta que se le salieron las lágrimas de la risa, a medida que avanzaba la noche y contaban sus historias. El tío Pablo no era como mi papá. Estar cerca de él, de tía y de nuestros primos significaba mucho para nosotros porque nos gustaba estar más cerca de ellos y de la finca. Era un lugar tan especial, lleno de buenos recuerdos. Cada vez que íbamos, sentíamos que visitábamos un lugar lejano, un lugar casi mágico donde sabíamos que mi papá era feliz y nos quería mucho.

El tío Pablo también nos visitaba en la ciudad. Cuando él venía, traía frutas para mi mamá. Nos encantaba tenerlo cerca por el cambio en papá. Tío Pablo se quejaba a menudo de que la ciudad era demasiado ruidosa y trataba de convencer a mi padre de que se mudara de nuestra casa y comprara tierras agrícolas.

Mientras crecíamos, mi madre trataba todo lo posible por encontrar algo en lo que cada uno de nosotros nos concentráramos y pudiéramos invertir nuestro tiempo, para que no nos estresáramos demasiado con nuestra vida en el hogar. El escape de Poli era el béisbol, y lo hizo tan bien que obtuvo una beca en una universidad privada. Mi escape era la escuela, lo que realmente me gustaba, especialmente por la asignatura de historia. También me gustaba escribir poesía y canciones y cantar en el coro de la iglesia. Y a través de la lectura constante de libros, mi mente se volvió más fuerte e independiente. Debido a que era la mayor de las hembras, era mi responsabilidad leerles a mis hermanas menores, lo que me gustaba hacer, ya que, nos daba tiempo para estar juntas. También pasaba el tiempo peinando sus cabellos, ayudándolas con sus tareas y cualquier otra cosa que pudiera hacer para mantenernos unidas.

Cuando crecí un poco más, papá me pidió que trabajara con él en el supermercado. Estar sobrio en el trabajo hacía maravillas en su personalidad. Estaba feliz de poder pasar tiempo con él cuando estaba sobrio. Él hablaba sobre mis planes para el futuro y yo le contaba acerca de mi sueño de algún día ir a Estados Unidos, para lo cual me animó. Me dijo que le gustaba la idea porque sabía que allá habría mejores oportunidades comerciales y educativas para mí. Mi padre era una persona que siempre tenía un plan para todo, él pensaba que tener una meta y trabajar para lograrlo era importante, por lo que dijo que si me iba bien y terminaba la escuela, me ayudaría.

Una de las razones por las que quise venir a los Estados Unidos fue porque creía que era un lugar donde "si puedes soñarlo, puedes lograrlo". Siempre recuerdo que soñaba con vivir en los Estados Unidos, quería eso más que nada, quería ser y actuar como los americanos. A menudo iba a la biblioteca con mi buena amiga, Perla. Pasábamos las páginas de las revistas americanas, mirando cómo vestían y lo que estaba de moda. Perla y yo le dábamos las fotos que nos gustaban a una amiga de mi madre, que era costurera, ella nos confeccionaba los estilos que no podíamos encontrar en la República Dominicana. Recuerdo que le pedí que me cosiera un abrigo verde, era hermoso, cuando me lo ponía, me sentía como una verdadera americana. Lo usaba a menudo y no me lo quitaba, incluso cuando estaba sudando del calor.

Perla fue mi mejor amiga de la infancia, y hemos sido amigas de toda la vida. Su cálida y única sonrisa siempre me ha traído alegría. Como yo era tímida, y mi padre nos mantenía a mis hermanos y a mí cerca de la casa, tuve la suerte de que Perla viviera cerca de nosotros. Caminábamos a la escuela, hablábamos, reíamos y nos contábamos nuestros secretos. Nos secábamos el pelo una con la otra, nos intercambiábamos ropa y nos decíamos todo. Éramos como hermanas, crecimos juntas como familia. Estábamos tan conectadas, que podíamos mirarnos y saber lo que pensaba la otra. Sabía que podía confiar en ella por completo, y mientras estaba pasando por tantas cosas en casa, ella siempre estuvo allí para apoyarme.

SABELLA Y MI PLAN AMERICANO

Mientras crecía, mi sueño aguardaba, y trataba de ganar mi libertad en silencio. Para mí, eso significaba América. Mientras tanto, yo era una buena estudiante y estudiaba duro. También me encantaba la música, con el consentimiento de mi padre asistía a la práctica del coro en la iglesia, eso representaba un escape para mí. A menudo quería hacer más amigos, pero con el temor de que mi padre quisiera desafiarles con solo socializar. Lo hizo tan difícil para mis enamorados que realmente no salí con nadie en la escuela secundaria. Si mis hermanas o yo queríamos salir con alguien, mi papá tenía que conocer al muchacho primero en persona, venir a la a casa y luego se sentaría en el sofá entre nosotros y le haría preguntas al chico. Toda la situación era tan incómoda con mi padre sentado allí en el medio de nosotros, que el enamorado ni se molestaba en regresar. Su comportamiento dominante, junto con su forma de beber, significaba que la mayoría de nosotros estábamos muy avergonzados de traer a alguien a la casa.

Sin embargo, cuando tenía 17 años, conocí a un hombre llamado Bruno, me llevaba varios años de edad, trabajaba como oficial de policía. Lo había visto patrullar por nuestra comunidad. Papá y Bruno se hicieron buenos amigos porque visitaba el supermercado con frecuencia. Me di cuenta de que siempre me estaba mirando en la tienda, y mi padre le dio permiso para invitarme a salir. Bruno era mayor y seguro de sí mismo, y yo era muy ingenua, pero ansiaba la libertad de mi vida en el hogar, así que acepté salir con él. Empezamos a salir y pasamos tiempo juntos. Era divertido salir con él porque me paseaba por la ciudad en su motocicleta, y me sentía libre. También estaba feliz de salir de la casa, hasta que quedé embarazada poco después de que comenzamos a salir.

Mi familia estaba sorprendida y muy disgustada conmigo, papá estaba furioso, por decir lo menos. Afortunadamente, los azotes ya habían parado, y claro no se olvidó de reprenderme y decirme cuánto lo había decepcionado.

Además de contarle a mi familia, la parte más difícil de mi embarazo fue tener que decírselo al Clero y a los miembros de la iglesia. Muchas personas en la Iglesia Católica a la que asistía se asombraron al enterarse. Cuando empezó a verse más el embarazo, elegí sentarme en la parte de atrás del coro, donde no podían verme, porque estaba muy avergonzada. Me molestaba que la gente me tratara de manera tan diferente. Me sentí mal y pensé que todos estaban molestos conmigo, pero una cosa si sabía, que ya amaba a mi hijo en mi vientre.

Durante ese tiempo, me volví más reservada y callada porque temía lo que otros pensaran de mí. Al comienzo de mi embarazo, mi abuela fue la única persona que no me dio la espalda. Ella me protegió de mi padre y convenció al director del coro de la iglesia para que me mantuviera en el grupo, incluso cuando se me empezó a notar. Cuando mi vida estaba cambiando a mi alrededor, ella era mi roca.

Aunque estaba en estado de gestación, pude terminar la escuela secundaria y, poco después de graduarme, di a luz a mi hermosa hija, Sabella. Siempre me había gustado el nombre de Sabella porque sonaba dulce. Decidimos que era el nombre perfecto para nuestra hija. Durante todo mi embarazo estuve nerviosa. Era muy joven y temía a la responsabilidad de ser madre. Sabía que criar a un hijo sería un gran trabajo, y no estaba segura de estar lista.

Sin embargo, en el momento en que di a luz a Sabella, me di cuenta de que aunque no había sido un embarazo planeado y a una edad tan temprana, estaba agradecida por la oportunidad. Desde el primer momento en que tuve que sostener a mi dulce bebé, estaba enamorada. Ella pesaba sólo seis libras, tenía los ojos oscuros y el pelo rizado. Era hermosa. La abracé y conté los dedos de sus manos y pies. Era perfecta, estaba tan emocionada de vestirla con los hermosos trajes que había elegido para ella. Era mía, y yo estaba llena de felicidad. Mis padres se ablandaron tan pronto como ella nació. Se enamoraron desde el momento que la vieron.

Afortunadamente, mis padres dejaron que Sabella y yo nos quedáramos en su casa, y mientras estaba allí, comencé a tomar clases nocturnas en una escuela de intercambios. Mi sueño era trabajar en turismo para poder interactuar con los americanos diariamente. Mientras estudiaba, mi madre cuidaba de Sabella felizmente. No era fácil dejar a la bebé, aunque solo fuera por un par de horas. Pasé todo mi tiempo con ella, y no estar en el mismo lugar que ella me hacía sentir extraña. Era una nueva mamá y estaba nerviosa de dejarla, pero sabía que estaba en buenas manos. Mamá me había criado a mí y a mis hermanos maravillosamente. Estaba muy agradecida de que mi madre me apoyara. Ella en verdad quería verme terminar mi educación y tener éxito en la vida.

Mi padre siempre decía que quería lo mejor para mí y para él eso significaba ir a la universidad y casarme. A menudo nos sentábamos en el patio y discutíamos mi futuro mientras papá tomaba una bebida. Él esperaba que yo tomara el camino más tradicional para mi vida. Le tomó un tiempo aceptar la situación, pero en el transcurso, finalmente se ofreció a apoyarnos tanto a mí como a mi hija. Al principio fue difícil, pero luego, sentí que mis padres hicieron todo lo posible por entender la situación.

Poco después del nacimiento de Sabella, me mudé con Bruno. Al principio, estaba feliz de irme pero también un poco asustada. A pesar de que crecí cocinando y limpiando en mi casa, el padre de Sabella era bastante controlador y quería que las cosas se hicieran a su manera. Tareas simples, como hacer la cena, eran abrumadoras debido a la presión que ejercía sobre mí, la comida tenía que hacerla bien y tenía que estar lista a la hora exacta. Bruno se creía que su uniforme le daba derecho a ser arrogante, por lo que no pasó mucho tiempo antes de que su verdadero "yo" comenzara a manifestarse. Se volvió verbalmente abusivo y algunas veces cuando estaba disgustado me golpeaba. Una noche, cuando había estado bebiendo, explotó de un momento a otro, enojado, porque la cena que le había preparado estaba muy salada. Enfurecido, tiró el televisor por la ventana. Entonces supe que era hora de irme, así que puse todo lo que pude en una bolsa, llamé un taxi, tomé la niña y me fui a la casa de mis padres.

Le conté a mi madre sobre el abuso que había estado enfrentando y ella dijo: "Si no quieres estar más allá, pues vete. No te quedes como lo he hecho yo".

Esa misma noche, Bruno vino a casa de mis padres. Gritaba, diciendo que quería hablar conmigo. Mi madre logró distraerlo, permitiéndome a mí y a mi hermano Poli escapar y correr a la estación de policía en busca de ayuda. Pronto, la policía vino a nuestra casa y arrestó a Bruno. Papá se presentó en la estación policial para recogerme justo cuando Bruno llegó allá. Desde el otro lado de la estación, Bruno gritó: "¡Sé que volverás conmigo!"

Entonces me di cuenta de que era hora de actuar. Logré alejarme de Bruno y con el apoyo de mi familia, regresé a mi casa paterna, seguí criando a Sabella y continué estudiando.

Afortunadamente, cuando terminé el bachillerato, papá cumplió su promesa de ayudarme a llegar a Estados Unidos. Cuando mi amiga Perla descubrió que tendría la oportunidad de ir a Estados Unidos, ambas estábamos emocionadas. Mi padre me consiguió un trabajo en el aeropuerto de Santo Domingo, que afortunadamente estaba cerca del pueblo donde vivía. En el aeropuerto, trabajé en la recepción. Después de un año de trabajar allí, comencé a entrenar como azafata y obtuve la oportunidad de viajar con frecuencia a Texas para seguir mi entrenamiento. Mientras viajaba, mi madre se hacía cargo de Sabella. Cada vez que visitaba Texas, siempre compraba algo para Sabella, como pequeños juguetes y chucherías americanas, que le encantaban.

El tiempo que duraba de viaje siempre variaba. A veces era un par de semanas, y otras veces estaba en Texas durante un mes completo. Durante este tiempo, extrañaba mucho a Sabella, pero sabía que no podía dejar pasar la oportunidad de tener un buen trabajo y la oportunidad de ir a los Estados Unidos.

La primera vez que visité América, todo lo que tenía conmigo era una mochila que contenía fotos de Sabella, un reproductor de CD y algunos artículos personales. Uno de mis mejores recuerdos fue cuando pisé los Estados Unidos de América por primera vez, escuchaba la canción "Las Cadenas", esa canción me subía los ánimos, de mi cantante favorita, Selena Quintanilla. Canté junto con la letra: "Me siento libre, me voy donde voy, y nadie lo impide, yo mando mi vida y me siento más feliz". Me identificaba tanto con esa canción, que me daba esperanzas. Selena me inspiró y me dio fuerzas a través de su música. Mientras cantaba, me preparaba para que mi sueño se hiciera realidad.

Cuando comencé a viajar a los Estados Unidos, el padre de Sabella se mudó a Puerto Rico. La visitaba de vez en cuando, le traía regalos y la llevaba a comer. Mientras yo viajaba de allá para acá, mis padres cuidaron bien de mi hija por mí. Mi mejor amiga, Perla, era la madrina de Sabella, y me sentía mejor sabiendo que Perla también estaría allí para ella. Sabella era mi vida y mi razón para convertirme en la mujer que soy hoy. Quería darle una vida mejor que la que tenía en la República Dominicana, estaba segura que lo lograría, si nos íbamos a vivir en los Estados Unidos y por eso quería ser azafata. Sabía que este trabajo me daría más oportunidades y me permitiría ofrecerle a mi hija todo lo que necesitara.

También sabía que si me quedaba en Santo Domingo, caería en el mismo ciclo de abuso que mi madre, así que me fui, para poder ser libre y estar lejos de papá y del padre de Sabella. No fue nada fácil, especialmente porque extrañaba a mi bebé, a mi madre, a mis hermanos y hermanas. Pero era algo que necesitaba hacer para que, en última instancia, Sabella pudiera tener una madre que la protegiera.

EL SUEÑO SE DESVIA

Mi pesadilla comenzó realmente a principios de la década de 1990, cuando tenía 22 años, después de que mi sueño, de llegar a Estados Unidos, se hiciera realidad. Pasé los últimos cuatro años haciendo todo lo posible por viajar a América. No lo sabía aún, pero mi sueño de una vida americana perfecta, sería aplastado, todas mis expectativas fueron contrarias a la realidad de ese sueño.

Cuando estaba en Texas trabajando como azafata, mi padre hizo los arreglos para que me quedara a vivir en casa de unos viejos amigos de la familia. Eran americanos que frecuentemente viajaban a la República Dominicana y siempre visitaban el negocio de él, cuando yo apenas era una niña. Al pasar los años, fueron mi segunda familia. Me sentía agradecida cuando me abrieron las puertas de su casa y me dejaron vivir allí con ellos.

Después de haber estado entrenando por un tiempo en Estados Unidos, mi nueva familia me invitaba de vacaciones al "Oeste Americano". Estaba muy emocionada de viajar al noroeste para conocer las Montañas Rocosas (The Rocky Mountains) y todos los demás atractivos que rodeaban las ciudades.

Para mí, una mujer joven que solo había conocido los climas más cálidos de República Dominicana y de Texas, unas vacaciones en regiones donde siempre hay nieve, serían maravillosas. También sería otra oportunidad de perseguir mi sueño americano.

Mientras conducíamos, observé los hermosos colores, las cadenas montañosas y los altos y gruesos pinos que nos rodeaban. Me sorprendió la diferencia con el paisaje de mi hogar en la isla.

Una noche, decidimos ir a cenar a un restaurante muy popular, frecuentado a menudo por el actor Kevin Costner y su equipo, ya que allí filmaron la famosa película Dances with Wolves. Él era mi estrella de cine favorita de todos los tiempos. Ir a cenar allá fue todo un regalo para mí.

Mientras cenábamos, Brian, el dueño del restaurante, un hombre rubio y alto se acercó a nuestra mesa y nos preguntó si estábamos disfrutando de la cena. Hizo una pausa y me dijo que me veía hermosa, yo tenía puesto un suéter super grueso y voluminoso y con capas de ropa, para mantenerme caliente. Le respondí diciéndole que no estaba acostumbrada al frío porque era de la República Dominicana.

"¿Y qué te trae por aquí?"- Se rió. "¿Sabes que la temperatura bajará aún más?", dijo.

Respondí que sabía que el clima estaba cambiando rápidamente y le dije que mis amigos y yo íbamos de regreso a Texas cuando terminaran las vacaciones. Cuando me fui, él vino al frente, con el pretexto de asegurarse de que había pagado. Noté que seguía mirándome, y fue cuando me di cuenta de que algo mágico estaba pasando entre nosotros. Intercambiamos miradas, luego nuestros números de teléfono y direcciones, y sonreímos una vez más antes de irme, pero no tuve noticias de él hasta que regresé a Texas.

Un lunes, muy temprano en la mañana, sonó el teléfono. Mi familia generalmente me llamaba por las noches, por lo que no sabía quién pudiera estar llamando.

Respondí con esperanza y dije: "Hola".

Brian respondió: "Hola", y luego comenzó hablar bien rápido. De hecho, habló tan rápido que yo, sin saber mucho inglés, apenas podía entenderlo. Le pedí que disminuyera la velocidad y él respondió solicitando verme. Quería venir a Texas el próximo fin de semana. Primero verifiqué con la familia con la que me estaba hospedando, quienes estuvieron de acuerdo con la idea de que Brian viniera de visita, ya que lo habían conocido.

Brian llegó el viernes de la semana siguiente. La noche ya había caído cuando condujo hasta la casa. Él conducía un convertible plateado. Me dijo que había alquilado el auto por el fin de semana, porque quería estar seguro de que disfrutara de todo lo mejor. En ese momento, pensaba que estaba tratando de impresionarme. Y lo confirmé cuando dijo, con un tono arrogante en su voz y una sonrisa maliciosa en su rostro: "Si necesitas llamar a tu familia, no te preocupes, me aseguré de conseguir un auto con teléfono". Ignoré esa actitud arrogante y su excesiva autoestima, porque quería volver a verlo.

A pesar de que su visita fue muy breve, nos conocimos durante esos cortos días. Salimos a restaurantes, vino a la casa a cenar, y salíamos para pasar tiempo juntos. No me quedé a pasar la noche con él porque la familia con la que vivía no lo aprobaba. Sin embargo, aunque no estuvimos juntos todo el tiempo, estuve constantemente hablando por teléfono con este nuevo hombre en mi vida. Era como un cuento de hadas.

Lo observaba cuando se iba ese domingo; lentamente se despedía con la mano mientras se iba en el auto. Me había invitado a visitarlo una vez más antes de que retornara a la República Dominicana.

Pasaron algunas semanas y, a estas alturas, hablábamos por teléfono varias veces al día. Casi todos los días había algo nuevo en el correo de él. A menudo había flores o paquetes de galletas, y un día llegó una chaqueta azul de Columbia que debía usar cuando regresara a las montañas a visitarlo.

Cuando fui a visitar a Brian, me quedé en su casa durante diez días. Me trató como anhelaba ser tratada, con respeto y como toda una dama. Me preparaba café por la mañana y me abría la puerta. Por primera vez, me sentí especial. Un día, me llevó a un museo donde había un área entera dedicada a Kevin Costner. Me encantó ver todos sus homenajes. Comimos helado, me compró algunos souvenirs y nos tomamos algunas fotos Polaroid en el museo para que cada uno de nosotros pudiera recordar nuestros días juntos.

Los árboles comenzaron a cambiar sus majestuosos colores amarillo, rojo y naranja contra los pinos verdes, cuando el verano llegó rápidamente a su fin. Ya era hora de irme a casa, pero él me rogó que me quedara a su lado, diciéndome que me amaba. "Quédate conmigo", suplicó.

Yo respondí: - "Hace mucho frío aquí."

-"Te mantendré caliente", - continuó, tratando de persuadirme.

-"¿Y qué hay de mi hija?" - pregunté.

-"La traeremos aquí", -agregó.

Me encantó esa idea. Me preocupaba que mi hija estuviera extrañándome. Sabella se estaba quedando con mis padres en la República Dominicana, y quería volver a estar con ella lo más pronto posible. Antes de irme la había dejado inscrita en la escuela, y le había enviado sus útiles escolares y su nuevo uniforme. Ella tenía muchas ganas de volver a verme. Quería estar allí para ella porque sabía que éste era un momento importante en su vida. Le dije que planeaba regresar a Texas para terminar mi entrenamiento de azafata y luego volver a casa en la República Dominicana para estar con mi hija porque la extrañaba mucho. Estaba ansiosa por terminar el entrenamiento, para poder estar con ella con más frecuencia y más aún durante la parte más flexible del entrenamiento. Mientras permaneciera en el programa, podría viajar sin problemas a la República Dominicana y a los Estados Unidos.

Brian respondió diciéndome que si me quedaba con él ahora, él iría conmigo a buscar a Sabella a la República Dominicana. Quería quedarme, pero aunque él decía todo eso, la vida no siempre coopera con lo que queremos. Y sabía lo mucho que quería volver a ver a mi hija. Lamentablemente, le dije que tenía que irme.

Sus palabras se quedaron en mi cabeza durante mucho tiempo. Él decía: "No te vayas. Te amo". Estaba sorprendida, pero me encantó escuchar esas palabras porque también sentía algo por él.

¿Qué podía hacer? Pensé y pensé en mis sentimientos hacia él y por mi amor recién adquirido por la ciudad hermosa y las interminables colinas que la rodeaban, eran increíblemente diferentes a la República Dominicana. Después de horas de pensar en sus palabras y su amor por mí, le dije que lo amaba y que me quedaría con él si me prometía ayudarme a buscar a mi hija y traerla de vuelta a vivir con nosotros. Estuvo de acuerdo y regresó conmigo a Texas para empacar mis cosas, y que pudiéramos regresar a su casa, al hermoso paisaje, arroyos claros, ciervos, faisanes, alces y bisontes. Estar allí era como un sueño. Me encantaba la belleza de los espacios abiertos.

Después de darle mi palabra a Brian, fui a la República Dominicana para ver a mi hija unos días. Sabella estaba tan emocionada de que yo volviera. Cuando regresé a los Estados Unidos, hablamos por teléfono constantemente, y a menudo le enviaba paquetes por correo con libros o juguetes o un poco de dinero siempre que podía, pero nada comparado con poder verla en persona. Le conté sobre el hombre que había conocido y nuestro plan para traerla a los Estados Unidos y así poder estar juntas.

Sabella ya tenía casi seis años y estaba muy inquisitiva. Hablamos de que ella viviera con nosotros en los Estados Unidos, y estuvo de acuerdo en que era una buena idea. Nunca había visto la nieve en su propio patio, y cuando le conté lo frío que era y toda la nieve que había, inmediatamente me dijo que quería venir y experimentarlo. Le conté que los animales que había visto eran diferentes a los de la República Dominicana, y eso la intrigaba más. Le dije que estaba haciendo todo por traerla lo más pronto posible.

La niña estaba muy triste de que no la trajera de inmediato. Mientras tanto, se quedaba con mis padres y veía a su papá a menudo porque él se había mudado cerca. Me rompió el corazón el saber que la dejaría de nuevo, pero después de haber venido a América, sabía que lo mejor era traerla conmigo. Me preocupaba que ella pensara que la estaba dejando en la República Dominicana porque yo quería, y no porque no tenía otra opción. Mi mayor temor era que me olvidara, así que hice todo lo posible por mantenerme en su vida a pesar de que estaba a millas de distancia. Le prometí que trabajaría duro para que estuviéramos juntas.

Mientras estaba de visita en la isla, también pude ver a Perla. Siempre compartimos nuestros sueños y nuestros planes sin importar dónde estuviéramos. A pesar de que hablábamos por teléfono al menos una vez a la semana, fue muy bueno volver a verla en persona. Le hablé de Brian y le mostré una fotografía de él. Me dijo que era un hombre muy guapo. Se alegró de verme feliz y llena de esperanza. Perla siempre me animaba con todo lo que soñábamos juntas. Como ella tenía familia en los Estados Unidos, sabía que eventualmente se mudaría, y lo hizo. Hace quince años, se mudó a Nueva York y se casó con un buen hombre. Mi familia la visita cuando viajan a Norteamérica. Todavía tiene mucho estilo, pero ahora se viste al último grito de la moda en lugar de solo mirar revistas extranjeras y soñar con venir aquí, como cuando éramos chicas.

Al final de mi viaje en la República Dominicana, regresé a la casa de Brian en Estados Unidos. El día que me fui, abracé a Sabella como mil veces y le aseguré que la llamaría a menudo y que haría todo lo que pudiera para que ella viniera a vivir conmigo. Sabía que mi familia la cuidaba bien y que su padre la quería mucho y estaba allí para ella. Me disgustaba irme porque Sabella no sólo necesitaba a su padre, a sus abuelos, tías y tíos, sino también a mí.

Regresé a los Estados Unidos determinada en encontrar la manera para que Sabella viviera conmigo. Mi familia reaccionó de buena forma porque yo estaba feliz y querían lo mejor para Sabella. La ciudad donde vivía Brian era un lugar encantador y pequeño donde todos se conocían y hacían que los recién llegados, como yo, se sintieran bienvenidos. Vivía en una casa grande en la cima de una colina en el borde de la ciudad, y pasé muchos días mirando toda la ciudad desde el balcón.

Brian y yo pasábamos juntos el mayor tiempo posible. Comencé a trabajar para él en su restaurante. Todavía estaba aprendiendo nuevas palabras en inglés, pero me fue muy bien en mi trabajo y disfrutaba interactuar con los clientes, lo que me ayudó a practicar el idioma. Afortunadamente, tenía mi visa de trabajo y ya estaba adaptada a la cultura estadounidense por mi experiencia en el aeropuerto y como azafata. Yo estaba muy feliz; Tenía un nuevo trabajo y un hombre maravilloso, que me amaba y me trataba como merecía. Esa fue la primera vez en mi vida que había experimentado el buen trato de un hombre.

Ya hasta había hecho amigos nuevos. En el restaurante trabajaba junto a Vivian, una mujer alegre y extrovertida y nos hicimos amigas. Aunque a menudo coqueteaba mucho con algunos de los clientes, ella y yo nos llevábamos bien. Mientras trataba de mejorar mi inglés, me ayudaba con mi pronunciación y yo le enseñaba algunas palabras en español. Vivian era de la Florida, y creció rodeada de hispanos. Ella decía que mi presencia la hacía sentir como en casa. Me divertí mucho trabajando con ella. Otra de las chicas que conocí fue Lucecita, procedía de Perú y recuerdo que fue muy buena conmigo. La quise como a una hermana. Nos conocimos un día que fue a cenar al restaurante de Brian, yo fui quien la atendió y nos caímos muy bien inmediatamente. Lucecita era la única de mis amigas que hablaba español con fluidez. Era una mujer de baja estatura, tenía ojos muy brillantes y pómulos altos, solo medía 5'2 "y pesaba solo 105 libras. Ella siempre tenía una manera de hacer que los demás se sintieran bienvenidos, sin importar la situación.

Mi vida era perfecta, había entrado en un nuevo capítulo. Disfrutaba cada momento del día, solo faltaba Sabella, y estaba feliz porque ya había empezado los trámites para traer a mi hija. Estábamos esperando la autorización para que viniera y el permiso de su padre. Me sentí estable por primera vez en años.

Unos meses después de mudarme con Brian, empecé a no sentirme bien, por lo que decidí hacerme un chequeo médico. Después de varios exámenes, el doctor me dijo el problema. ¡Estaba tan aliviada! No estaba enferma. Le dije a Brian la noticia: estaba embarazada. En ese momento, tenía aproximadamente cuatro semanas de embarazo y pensé que él estaría feliz ya que estábamos muy enamorados.

Cuando le dije a Brian las buenas noticias, su primera respuesta fue agresiva, atacándome verbalmente. Estaba enojado porque no había tomado suficientes medidas de precaución para no quedar embarazada. Su respuesta me sorprendió. Pensé que estaría emocionado. Me dijo ásperamente: -"Bueno, el lunes podemos ir y resolver ese problema". Me quedé pasmada. Pensé que me amaba y que estaríamos juntos por el trato que me había dado todo este tiempo, pero todo eso cambió en ese mismo instante.

Su respuesta me confundió y me molestó porque no me había alzado la voz anteriormente, y no entendía lo que estaba tratando de decir, mi inglés todavía no era muy bueno en ese momento. Le pregunté qué quería decir con esto, y él me dijo que quería "curarme" de mi embarazo.

Yo estaba absorta. "No podía hacer eso. Simplemente no podía ". ¿Cómo podía pedirme que hiciera algo así? Solo podía negarme a hacerlo.

Nunca he podido olvidar esas palabras. Me dijo con frialdad: "No puedo dejar que tengas ese hijo. No puedo involucrarme en una relación a largo plazo como esa. Si te quedas con este niño, tendrás que irte."

Mi elección de vivir con él, se estaba convirtiendo en una pesadilla, y ante esta nueva noticia, no sabía qué hacer, ni una pista, nada.

Estaba molesta y herida de que Brian pudiera tratarme así. Estaba triste y enojada. Recuerdo llorar mientras dormía pensando en tener que renunciar a mi bebé. Sentí tanto dolor y ansiedad. Brian estaba tan seguro de su decisión de que no nos quedaríamos con el niño. Me hizo sentir tan insignificante, como si no tuviera control, lo que me llevó a la depresión. Estaba lejos de mi familia y amigos y eso no me ayudaba. Sola y preocupada, llamé a mi amiga Perla en la República Dominicana para pedirle consejo. Le pedí que no le contara a nadie lo que estaba pasando. Tenía miedo de decírselo a mi familia, especialmente a mi papá. Sabía que estarían decepcionados. Apreciaba su consejo y sentía que podía confiar en que ella mantuviera mi secreto. Aunque Perla dijo que no podía decirme lo que debía hacer, me aconsejó que hiciera lo que creía que era lo mejor para mí y mi bebé.

Una de las cosas más difíciles fue verme obligada a tomar esta decisión sola. Me sentí tan débil y afligida por el dolor que Brian me había causado. Entonces me pregunté: ¿Tomo el camino de la derecha y me quedo con este regalo de Dios que crece dentro de mí, o tomo la izquierda para satisfacer los deseos de Brian? Para mí, la decisión era obvia, y esa elección fue la vida de mi hijo. Amaba a Brian, pero sabía que amaba más a mi bebé. Ya había estado separada de mi hija durante demasiado tiempo, y no iba a perder a otro hijo, ya lo amaba profundamente. Comencé a empacar mis cosas, para comenzar una vida sola.

Mudarme y dejar a Brian no fue una tarea fácil, ni emocional ni físicamente. Era difícil levantarse de la cama. Todavía tenía terribles náuseas matutinas, y estaba en constante confusión mental y emocional. Brian trataba de ayudar, pero no decía mucho. Desde que lo conocí, nunca ha sido una persona de expresar mucho lo que siente, pero se notaba que fue una decisión difícil para él también.

Lo que no entendía era por qué lo hacía de todos modos. Lloraba constantemente, incapaz de controlar mis emociones. Odiaba su elección, pero aún lo amaba, y estuve en shock durante días. No entendía cómo un hombre podía abandonar a la mujer que llevaba su propio hijo, especialmente después de suplicarme que me mudara con él y de pedirme que dejara a mi familia.

Mi salvación fue Lucecita. Ella y su esposo, Harold, no tenían hijos, pero Lucecita era amorosa y maternal conmigo. Como su nombre, fue definitivamente mi luz y mi apoyo. Ella siempre tenía una manera de hacerme sentir un poco mejor, aunque me sentía deprimida constantemente. Fue difícil encontrar el coraje y la motivación para volver a levantarme. Me sentía deprimida y desanimada por mi situación. Parecía que cada paso que daba me causaba aún más dolor. En medio de las dificultades que enfrentaba, Lucecita me ayudó con todo, desde levantar las cajas que no podía sacar de la casa, hacer llamadas telefónicas a personas u organizaciones que podrían ayudarme con el bebé, hasta me ayudó a buscar un apartamento pequeño para cuando naciera.

Cuando quedé embarazada, todavía trabajaba para Brian en su restaurante. Al terminar nuestra relación, no tenía trabajo. Comencé a trabajar de inmediato, un trabajo de tiempo completo en un supermercado y una jornada de medio tiempo en una tienda de ropa para mujeres, por las noches y los fines de semana. El departamento que Lucecita me ayudó a encontrar estaba cerca del supermercado, así que caminaba al trabajo. Caminé por todas partes porque no podía pagar un automóvil, pero me gustaba hacer ejercicio. En el trabajo, todos eran amables conmigo. Solo había diez personas en el personal, y la mayoría había estado allí por mucho tiempo, me hicieron sentir cómoda. Traíamos merienda para compartir durante nuestros descansos. También conocí clientes, que eran tan amables como el personal.

Poco después de comenzar a trabajar allí, conocí a Lemuel. Se convirtió en un buen amigo, uno que cambiaría mi vida. Una noche entró al supermercado a comer y beber algo rápido, estaba sudado. Cuando llegó a mi caja, le pregunté si acababa de hacer ejercicio, y entablamos una conversación sobre ejercicio, ya que era algo que me encantaba hacer antes de quedar embarazada, y caminar se había convertido en mi ejercicio diario. Como él venía con regularidad, solíamos hablar, así que cuando empezó a bromear y coquetear conmigo, me reí y le dije: "No coquetees mucho conmigo, que estoy embarazada".

Parecía sorprendido ya que solo tenía un par de meses, pero también se echó a reír, y desde ese día nos hicimos muy amigos.

Lemuel me acompañaba a menudo a mi apartamento cuando trabajaba por la noche, y en las noches que nevaba, esperaba a que saliera del trabajo y me llevaba en su auto a algún lugar para tomar una taza de té y hablar. El físico de Lemuel contrastaba con su personalidad. El era alto y muy musculoso, pero su actitud amable contradecía su apariencia. Siempre fue tranquilo y muy cariñoso. Fue bueno tener un amigo con quien hablar.

Durante este tiempo, Lucecita me ayudó con mi apartamento. Teniendo en cuenta que no podía tener hijos, ¡estaba absolutamente encantada de que un niño entrara en su vida! Como cualquier amiga íntima, ella me ayudó con todo. Decoramos mi pequeño apartamento hasta que se convirtió en mi hogar, y me enseñó dónde conseguir las cosas en el pueblo. Me consiguió flores frescas y un moisés nuevo y una cuna para cuando naciera mi bebé. Su esposo, Harold, pintó las paredes con colores alegres y primarios: azul, rojo intenso y amarillo brillante. Me sentía como en casa.

¡Ya todo estaba preparado para mi hermoso bebé, sin embargo, estaba abrumada por el estrés, el trabajo y el futuro de mi hijo! Estaba preocupada por cómo cuidaría de este regalo de Dios dentro de mí. Aunque no me diagnosticaron oficialmente en ese momento, creo que caí en un estado grave de depresión en aquel tiempo. Lentamente había desarrollado una depresión crónica. Con el tiempo, mi cabello comenzó a caerse, no tenía apetito y mi piel se deshidrató. Además, durante el embarazo, mi boca estaba bastante reseca por no haber tomado suficientes nutrientes para mí y el bebé. Tampoco hablaba con Brian, lo que me hizo sentir más desolada y triste. Creo que al estar lejos de mi casa y de Sabella, más mi soledad durante el embarazo, pude sentir lo que era el verdadero dolor.

A medida que pasaban los meses, mi salud disminuía y mi angustia aumentaba y comencé a tener miedo de la posibilidad de que mi bebé no sobreviviera al embarazo. El médico también estaba preocupado, y desafortunadamente, mi bebé parecía estar un poco ansioso por nacer y ver el mundo, casi tres meses por adelantado.

Mi Leonardo, casi mío

Un día, cuando tenía casi siete meses de embarazo, estaba trabajando en el supermercado y mi cabeza comenzó a darme vueltas y mis pies a sentirse más pesados. Traté de mantener la calma mientras escaneaba los artículos, pero estaba perdiendo la concentración y comencé a entrar en pánico. Me mareé, y lo último que recuerdo fue estar a mil pies de altura, volando sobre las altas llanuras occidentales, en un transporte de emergencia a un hospital en otra ciudad, a casi doscientas millas de donde yo vivía. Al parecer me había desmayado. Afortunadamente, los clientes de la tienda lo notaron y llamaron al 911 inmediatamente.

Después de llegar al hospital en un helicóptero, me encontré recostada en una cama, cubierta con una manta blanca, con los pies levantados en los estribos y sin tener idea de lo que estaba sucediendo a mi alrededor. Los médicos y las enfermeras trataron de explicarme lo que estaba pasando, pero mi inglés aún estaba lejos de ser perfecto, y estaba asustada pues no conocía a nadie y todo me era extraño. Les pedí que me hablaran un poco más despacio luego de una discusión rápida sobre lo que sucedía. Estaba tan confundida; después de todo, apenas tenía siete meses de embarazo. Ni siquiera me di cuenta de que estaba en medio del parto.

Después de conversar con el médico del hospital, finalmente me di cuenta de que estaba dando a luz de forma prematura, desafortunadamente. Sin embargo, pensaba que iba a poder regresar a casa y programar la cesárea en el hospital de la ciudad donde vivía para otra fecha. Los médicos me dieron medicamentos para retrasar el parto, en ese momento pensé que era para que el bebé creciera y se desarrollara un poco más antes de nacer. Pero ese no era el caso.

Después de tres días, las contracciones siguieron aumentando y los médicos decidieron dormirme para una cesárea de emergencia. Al despertar, me sentí mareada al principio. Estaba confundida, molesta y drogada de analgésicos, pedí información. Sabía que había dado a luz a mi bebé, pero no tenía idea de dónde estaba, ni su sexo o si era un bebé sano. De repente me sentí sola, y la habitación se volvió oscura y sombría.

Cuando volví a despertar, el personal médico no me dejaba salir de la cama. No pude comunicarme debido a mi inglés limitado y los medicamentos, lo que afectó mis pensamientos. Las enfermeras trataron de explicar lo que había sucedido, pero no entendía nada. Hablaban tan rápido. Solo pensaba en mi hijo.

Lucecita vino de visita y pudo traducir todo. Logré recordar, había dado a luz a un varón, por cesárea de emergencia unas horas antes. Hubiera querido estar despierta, a pesar del dolor, para experimentar la llegada de mi bebé al mundo. Lamentablemente, me lo perdí, pero me sentí aliviada al saber que iba a verlo por primera vez a la mañana siguiente. Incluso habían ordenado una enfermera para que viniera a buscarme, para evitar que caminara. Estaba tan emocionada que no pude dormir esa noche. Lucecita y yo hablamos durante la mayor parte de la noche. No pude contener mi emoción y no dejaba de sonreír, pensando que por fin iba a ver a mi hijo.

La enfermera entró en la habitación a la mañana siguiente. Me ayudó a subir a la silla de ruedas para que pudiera ir a ver a mi hijo. Lucecita caminó a mi lado cuando me llevaban por el pasillo. Ella sostuvo mi mano todo el tiempo.

Cuando llegamos a la UCIN (Unidad de Cuidados Intensivos Neonatales). Pude ver que había más bebés en las incubadoras de lo que jamás hubiera imaginado, y no tenía idea de cuál era el mío. Me sorprendió que tantas mujeres tuvieran partos prematuros al igual que yo. Fue triste, pero asombroso, ver esos pequeños milagros. Eran tan pequeños y tan lindos. La enfermera empujó mi silla de ruedas hacia la incubadora de mi hijo y vi sus pequeños rasgos por primera vez. Estaba completamente conectado a máquinas, vías intravenosas y monitores, su rostro era la única parte de él que podía ver claramente, era hermoso. Descubrí que Leonardo nació con apnea del sueño, lo que significa que a veces dejaba de respirar mientras dormía. Esta era una condición muy grave, y debido a eso, tuvo que usar un monitor especial, incluso después de dejar el hospital. Parecía de un color casi azulado y pesaba alrededor de cuatro libras, por lo que su pequeño cuerpo se veía largo y delgado, era hermoso. Se parecía a mí. El era mío, en el momento en que lo vi, lo llamé Leonardo.

Naturalmente, comencé a hacer preguntas sobre la salud de Leonardo, y Lucecita me interpretaba. En dos días me daban de alta del hospital, pero mi hijo, aunque estaba bajo control, tenía que quedarse por tiempo indefinido. No podía regresar a mi apartamento porque estaba a horas del hospital, lo que significaba que sería imposible visitar a Leonardo todos los días. Una vez más, sentí que me echaban de ahí, ahora era madre otra vez, con un recién nacido que no podía llevarme.

Al final del día, Brian se apareció en el hospital. Lo vi meter la cabeza en la habitación y sonreír un poco. Yo le devolví la sonrisa. ¡Pensé que había vuelto por mí, que le importaba! Incluso me preguntó cómo me sentía y qué me había pasado antes de llegar al hospital, ya que el parto se había presentado tres meses antes de lo esperado. Él mostró mucho interés en el bebé, y me hizo bien ver a alguien que conocía. Luego que entró en la habitación, vi a alguien que lo seguía, mi amiga del restaurante, Vivian. ¡No podía creerlo! ¡Alguien más se había preocupado lo suficiente como para conducir las tres horas para verme! Les agradecí por venir. Pero luego noté una mirada extraña en la cara de Brian, y de repente, me di cuenta de lo que estaba pasando. ¡Estaban juntos! Ellos estaban saliendo. Me sentí destrozada. No podía creer que Brian me había olvidado tan rápido y que ahora estaba saliendo con una amiga en la que creía poder confiar. Estaba enojada y triste. Ahora entendí que haber estado enojada con Brian solo me lastimaba más.

Ellos decidieron conducir hasta el hospital y ver cómo me encontraba después de escuchar que el parto se me había adelantado, supuestamente. Y ahora que lo pienso bien, me doy cuenta de que la única razón por la que él estaba allí, era por el niño, y no por mí.

Esa noche me quedé sola. Brian y Vivian se habían ido, y Lucecita se fue para su casa a descansar. No conocía a nadie, las sombras de desconocidos bailaban por mi habitación mientras pasaban por la ventana de mi pasillo. Pensé mucho y oré mucho. Oré por horas y lloré mucho. Las sombras iban y venían, pero yo todavía estaba allí. Ya no tenía a mi bebé dentro de mí, ni a mi lado. Pensé mucho en cómo iba a llevarlo a casa. Necesitaba hablar con alguien, con cualquiera. Le rogué a Dios por compañía.

Hubo momentos a lo largo del embarazo en los que puse en duda mi fe. Siempre he creído en Dios, pero tuve momentos en los que me preguntaba si Él realmente estaba allí. Y fue entonces cuando tres monjas llegaron a mi puerta, vestidas en su hábito, de pies a cabeza. Para mí, olían a galletas calientes, en este invierno frío. Ya no estaba sola. Dios había contestado mis oraciones el día después de que nació mi hijo.

Me hablaron en inglés. Me hicieron preguntas sobre mi vida, mi bebé y el papá. Hablamos por mucho tiempo. Las monjas a veces se miraban unas a otras con una triste incertidumbre, sin saber qué iba a ser de mí. Aunque trataron de ocultar su preocupación, podía sentirla, y en mi habitación oscura, veía sus caras amables iluminadas por el resplandor frío de las luces del hospital que brillaban a través de la ventana. Sabía que mi situación no era la ideal. Como crecí en un ambiente católico, estaba acostumbrada a estar con monjas; sin embargo, la ansiedad se clavaba en mi alma.

Y aunque no conocía a las monjas, me hablaban como si yo fuera su amiga, su hermana y como hija de Dios. Me trataron con respeto y compasión. Les pedí que oráramos juntas, y ellas se pararon junto a mi cama y oraron. Ellas oraron en el nombre del Padre, del Hijo y del Espíritu Santo, por mi hijo y por mí.

Comenzaron a salir de la habitación (me imaginé que alguien más las necesitaba), pero desesperada, les pedí que continuaran y se quedaron. Mientras orábamos una vez más, una de las monjas habló en español. Su voz era suave y reconfortante en esta dura y complicada situación. Era como si Dios hubiera puesto sus palabras en su boca. Se escuchaba tan celestial.

La monja no había dado ninguna indicación de que hablara español antes de ese momento. Ella solo me había hablado en un inglés perfecto. Pero allí estaba, sus palabras en mi idioma se convirtieron en mi salvavidas. En su español no muy bien hablado, me dijo de un lugar donde podía quedarme mientras Leonardo se fortalecía, llamado Ronald McDonald House. No costaría tanto como el gasto de ir y regresar a mi casa todos los días, y debido a que estaba recién salida de la cirugía (la cesárea), era importante para mí moverme lo menos posible.

Podría descansar tranquila y ver a mi hijo, parecía que era la mejor idea. Me dieron la información sobre la casa de Ronald McDonald y luego se despidieron. No paraba de darles las gracias.

Me desperté a la mañana siguiente, lista para ver a Leonardo de nuevo, pero tenía mucho dolor. El efecto de los medicamentos se estaba pasando, y podía sentir cada punto de sutura en mi estómago. Estaba sola de nuevo. Tenía miedo y no estaba preparada para salir del hospital. No tenía botas ni ropa de invierno, solo un par de zapatos de tenis, con doce pulgadas de nieve afuera.

Cuando me dieron de alta, los médicos me dijeron que tenía que empezar a caminar nuevamente para así recuperar mis fuerzas. Antes de irme, fui a ver a mi hijo. Caminando a paso de caracol por los pasillos de las instalaciones médicas, volví a la UCIN. Llegué a la incubadora de Leonardo y estaba tan emocionada de poder tocar sus diminutos pies morados por primera vez. Miré el lecho de sus uñas, estaban azules; él era tan pequeño y frágil. A pesar de su tamaño, estaba feliz con solo tocar sus piececitos, y para mí, él era perfecto.

La enfermera de la UCIN me dijo que él iba muy bien, considerando las circunstancias me sugirió que podía abrazarlo suavemente, si lo deseaba. Acepté con entusiasmo. Le pregunté si podía amamantarlo, y ella me dijo: -"No; porque era tan prematuro, que todavía no sabía cómo alimentarse a través de succión mamaria".

Estaba bastante incómoda por eso, sabiendo que alimentar a mi hijo era una experiencia de unión para nosotros, pero también estaba consciente que era importante hacer lo que decía la enfermera. Ella me explicó que tenía que sacarme la leche y guardarla, para poder alimentarlo por un tubo. Y aunque estaba tan desilusionada, nada podía quitarme la sensación de emoción que tenía al saber que podía sostener a mi bebé.

Me senté en una mecedora y sentí una paz celestial cuando la enfermera de la UCIN puso al pequeño Leonardo en mis brazos por primera vez. Lo cargué por unos 20 minutos. Nunca le quité los ojos de encima. Respiraba lentamente. Él encajaba tan perfectamente en mis brazos. Estaba concentrada en el momento, quería recordarlo para siempre. Ni siquiera escuché los pasos de un hombre que de repente se encontraba frente a mí. Pero cuando miré hacia arriba, allí estaba él. Estaba bien vestido y tenía aspecto de oficial, puedo recordar claramente sus botas marrones, todavía mojadas por caminar a través de la nieve.

Preguntó: -"¿Es usted Argentina?". Aunque tuve una sensación extraña, intenté mantenerme calmada.

Respondí cautelosamente: -"Sí, señor, ¿en qué puedo ayudarlo?"

Fijó su mirada en mí, mientras me entregaba un montón de papeles, los cuales no tenía ninguna esperanza de entender. Mientras sostenía a mi precioso bebé, hice mi mejor esfuerzo para leerlos. Miré los documentos, tratando de entender lo que estaba pasando. Había palabras que saltaron de la página y se quedaron en mi memoria, y de repente sentí mucho miedo. Palabras como "alejarse", "custodia", "el padre del niño" y "ADN" se grabaron en mi memoria y se quedaron marcados en mi cerebro. El mismo hombre que previamente quería deshacerse de mi bebé antes de que naciera ahora me lo iba a quitar. Mientras daba a luz, Brian había presentado una orden de restricción y de alguna manera había obtenido la custodia de mi Leonardo.

Considerando la actitud que Brian tenía frente a la idea de tener un bebé, no entendía por qué quería quitármelo ahora. Pero lo hizo.

Mi corazón se destrozaba mientras miraba la carita de Leonardo. El hombre que me había entregado los papeles intentó consolarme diciendo que lo sentía; yo estaba desconsolada y asustada. Leonardo estaba durmiendo tranquilamente en mi pecho. Le di un beso en la frente y luego se lo devolví a la amable enfermera. Me levanté con cuidado de la mecedora y me puse de pie. El mundo entero giraba a mi alrededor como si estuviera en una montaña rusa. No podía creer lo que Brian me había hecho. Él me había quitado a Leonardo. El hombre que quería "curarme" de mi embarazo ahora quería al bebé.

La desesperación y el miedo se precipitaron en mí. Ya no pude mantener la postura. Enferma y enloquecida de angustia por la traición de Brian y la pérdida de mi recién nacido, perdí la cabeza y entonces empecé a correr. Corrí por el largo pasillo del hospital.

Mientras corría, podía sentir los puntos de la cesárea y como latía mi corazón. Corrí más rápido de lo que creí poder, incluso con la apertura de mi vientre. Estaba consumida por la desesperanza, podía escuchar mi lamento y gritaba mientras corría.

No recuerdo mucho después de eso, porque comencé a tener un ataque de pánico. Inmediatamente me pusieron en una habitación del hospital y me dieron medicamentos para calmarme. Después de tener el ataque de pánico, estaba completamente devastada. Me volvieron a admitir para poder suturarme una vez más. Pensé que nunca volvería a ver a mi bebé. Estaba destrozada.

Una vez que me dieron de alta del hospital al siguiente día, supe que la Casa Ronald McDonald seguía siendo el lugar adecuado para quedarme. Permanecer allí me permitió sentirme cerca de Leonardo aunque no me permitían verlo. Su padre me había puesto una orden de restricción, y no tenía forma de evitarlo, aunque lo intenté. Fui al hospital todos los días durante dos semanas y preguntaba por él. No me decían nada. La única respuesta que recibía a mis preguntas era: "Ya no podemos darle esa información". Sus manos estaban atadas. Pero a pesar de que mi corazón estaba destrozado y no tenía muchas esperanzas, yo seguía y seguía preguntando.

Un día, vi a la enfermera que me había ayudado en la UCIN, en cierto modo, ella era mi única esperanza para saber algo sobre mi pequeño Leonardo. Le rogué que me diera alguna información sobre él. Hizo una pausa para pensar, y aunque ambas sabíamos que ella debía guardar silencio sobre la situación, me dijo que Leonardo le daban de alta muy pronto y que estaba mucho mejor.

-"Regresa a casa",- me dijo. -"Busca un abogado. Hay personas que te pueden ayudar".- Ella negaba con su cabeza y luego me miró con ojos tristes. -"Me disgusta mucho lo que te pasó. Se me partió el corazón cuando supe lo ocurrido".

Estaba agradecida de al menos saber que Leonardo estaba mejorando, llamé a Lucecita y Harold para que vinieran a buscarme y me llevaran de vuelta a mi pequeño apartamento a tantas millas de distancia. Ahí estaba yo, montada en la parte trasera de un Jeep, viendo cómo el viento fuerte levantaba la nieve del suelo, todo era nieve sobre nieve. En el camino hablamos sobre cuál sería el plan cuando volviera a casa.

El esposo de Lucecita, Harold, me dijo con voz muy seria: -"No te hagas ilusiones". Luego se explicó diciendo: -"Debemos tener en cuenta que Brian, el padre de tu hijo, es muy poderoso y conocido en el pueblo. Con tal de ganar, contratará al mejor abogado. Luchará con uñas y dientes por un niño que ni siquiera quería".

Sabía que el marido de Lucecita no estaba tratando de hacerme sentir mal, pero la conversación solo empeoró mi estado de ánimo. Mi único objetivo era recuperar a mi hijo, y me sentía perdida, sin saber qué hacer. Mis sentimientos de tristeza, desesperación y ansiedad aumentaban cada vez más con cada milla que avanzábamos.

Parecía que estábamos en una carretera sin fin, pero solo habíamos estado conduciendo durante unas horas. Cuando entré en el apartamento, lo sentí vacío, a pesar de que todavía estaba decorado y esperando para darle la bienvenida a mi hijo. Recuerdo que caminaba por su habitación, me sentía devastada. Había comprado sábanas con coches para su cuna, y me dolía saber que no estaría durmiendo allí. Recuerdo que miré su cómoda y los dos elefantes de peluche que había comprado para él y pensé que nunca podría tenerlos. Me dolió imaginarme que Brian sería el que compraría animales de peluche para Leonardo y que él lo arroparía por las noches, y que me despojaron de mi derecho de madre. Todo estaba como lo había dejado, pero la esperanza se había ido. No había ningún bebé en la pequeña cuna de aquel rincón; mi corazón estaba a millas de distancia con mi recién nacido.

Mis amigos querían pasarse la noche conmigo para consolarme. Los miré a los ojos, tenían buenas intenciones, pero mi desesperación era inalcanzable y les dije fríamente: -"Háganme el favor y váyanse". Necesitaba espacio para llorar. Ellos respetaron mi decisión y se fueron.

Después de que se marcharon, caminaba por el apartamento, mientras los colores de la pared se volvían más tenues. Sintiéndome vacía y lejos de mi bebé y del mundo, hice preguntas en la oscuridad: "¿Es esto real? ¿Estoy soñando o alucinando?" No lo estaba, con los puntos en mi vientre y el dolor en mi corazón, no era un sueño. Leonardo estaba aquí y ahora no estaba. Era real. Había sucedido. No solo no había podido estar con mi hija, sino que ahora estaba separada de mi hijo. Mis dos hijos estaban lejos de mí, y me sentía impotente y desconsolada.

Me quedé pensando en el suelo durante horas y horas. Aturdida, miré al techo, mirando directamente a la luz hasta que mis ojos ardieron. Estaba tratando de tener algún plan. Los pensamientos que pasaban por mi mente me asustaban mucho. Nunca me había sentido tan impotente en toda mi vida. Necesitaba ese poder de vuelta, de alguna manera. Tantas ideas irracionales pasaron por mi mente, pensamientos completamente locos que nunca imaginé. Delirante por mi pena y el miedo por mi hijo, mis pensamientos se salieron de control. ¿Y si mato a Brian? ¿Y si me mato después de eso? ¿Qué pasa si me robo a mi hijo? ¿Y si me escapo?

Las horas pasaron mientras mis pensamientos irracionales seguían corriendo por mi mente. Sin embargo, eran imposibles, y mi desesperación se hundió más en mi corazón.

Todos estos pensamientos se aglomeraban en mi cabeza, y mientras pensaba, la imagen de mi dulce abuela Rhafaela llegaba a mi mente una y otra vez. Como todo había sucedido tan rápido, ni siquiera le había dicho a mi familia que estaba embarazada, y mucho menos que había dado a luz a mi hijo. Mis padres no sabían que su primer nieto existía. Estaba tan sola, pero mi abuela estaba allí acompañándome en espíritu, Sentía como si ella estuviera manteniendo una conversación conmigo. Me decía que mantuviera la calma. Ella decía que pensara como si fuera ella que estuviera en esta situación. Y sabía que no, ella nunca mataría a nadie y menos se mataría a sí misma. Y tampoco le robaría nada a nadie y menos huiría. Tuve que pensar en un nuevo plan, uno racional.

Cuando estuve más tranquila, me levanté y caminé unos pasos hacia la cocina para tomar un vaso de agua y refrescarme. Miré la luz roja que parpadeaba en mi contestador automático que estaba en la mesa. El contestador de mensajes estaba lleno. Presioné el botón "Reproducir mensajes" y empezaron a salir voces por el altavoz. Muchos de los correos de voz eran de mi amigo Lemuel.

Mientras estaba en el hospital, me había llamado varias veces, dejando mensajes, preguntándose dónde estaba y si estaba bien. Le devolví la llamada. Dijo que no me escuchaba del todo bien por teléfono, por lo que decidió venir a mi apartamento para hablar y hacerme compañía. Estaba preocupado, pero parecía aliviado al escuchar mi voz. No tuve la fuerza para decirle lo que había sucedido.

Tocó mi puerta y, como una sonámbula, le abrí. Su emoción y felicidad por la aparente llegada a casa de mi hijo, se volvió confusión cuando vio la cuna vacía al otro lado de la habitación. Se dio cuenta de que ya había dado a luz al bebé. Me miró y me preguntó qué había pasado. No pude contener mis sentimientos y la historia por más tiempo. Le conté todo y le supliqué que me ayudara a recuperar a mi bebé. Luego me miró con confusión y tristeza. Estaba tan asustado por la terrible situación como yo, pero me dijo que confiaba en que podía cambiar mi suerte y sonrió un poco.

Me dijo suavemente, pero con firmeza: "Haré todo lo que sea necesario para ayudarte. Te lo prometo". Me dijo directamente que no necesitaba nada de mí. No podría haber estado más agradecida.

LUCHANDO POR LEONARDO

Hablamos por horas. Hicimos planes, incluso hablamos sobre la posibilidad de escapar a una reserva de nativos americanos para que nadie pudiera encontrarnos a Leonardo ni a mí. Estaba tan preocupada por recuperar a mi hijo, que incluso consideré hacerlo. Después de mudarme en la zona, conocí a muchos nativos americanos que me hicieron sentir bienvenida. Muchos de ellos eran clientes habituales en el supermercado donde trabajaba y, a menudo, visitaban el restaurante. Aunque sabía en mi corazón que los miembros de las tribus occidentales me ayudarían, este plan no funcionaría para siempre. Si me mudaba a la reserva, nunca podría volver a ver a mi familia. Y también podría ser perjudicial para Leonardo, debido a sus problemas de salud. Sin embargo, estaba tan desesperada, que ya estaba dispuesta a considerar casi cualquier cosa.

Después de hablar sobre muchas de nuestras opciones, Lemuel dijo: -"Tendremos que pensar en un plan más permanente, Argentina. Lo que ese hombre te hizo estuvo mal, y vamos a recuperar a tu hijo. ¿Qué tal si vas y tomas una ducha y te relajas, mientras yo busco algo de comer? Enseguida vuelvo y seguiremos discutiendo ideas."

Lemuel abrió las persianas antes de irse. Mientras miraba por la ventana, vi el mundo frío a mi alrededor. La nieve seguía cayendo. A pesar de que estaba bajo cero, sentí como si alguien me estuviera sosteniendo la mano con un toque cálido. Me sentí mejor sabiendo que ya no estaba tan sola, gracias a él. Se fue, y cuando regresó, nos sentamos en mi sala de estar y discutimos ideas mientras comíamos.

-"Tengo otro plan", -dije. "Puedo colectar dinero de personas que conozco y contratar a un buen abogado. Incluso puedo vender mis cosas, incluyendo las joyas de mi abuela. No es que las necesite ahora mismo de todos modos".

Lemuel negó con la cabeza. Me dijo gentilmente, que mi idea costaría más dinero del que podríamos llegar a colectar. Sugirió hablar con un abogado. Decidí seguir su consejo y hacer una cita con un abogado de asistencia jurídica estatal.

La idea de decirle a mi familia me pasó por la mente, pero me rehusaba a hacerlo. Todavía no estaba lista. Sé que podrían haberme ayudado, pero sentí que necesitaba hacerlo por mi cuenta. No quería que ellos supieran que les había fallado de nuevo o que había estado embarazada y sola.

Tuve la suerte de que el abogado que encontré tenía un gran corazón y era muy inteligente; estuvo dispuesto a ayudar durante muchas horas por las que no podía pagarle. Trabajamos todos los días para estar preparados para la cita en la corte. Nosotros tres, Lemuel, el abogado y yo, juntamos nuestras ideas y pensamos colectivamente en nuevas formas de recuperar a Leonardo. Las reuniones, aunque productivas, fueron muy frustrantes para mí. Yo era la madre de este bebé, ¿no era esto suficiente?

El abogado a menudo dijo que no debemos hacernos ilusiones, considerando el poder que tenía Brian, el dinero que había invertido en este caso y el problema con mi estado migratorio (estaba en proceso de renovar mi visa). Él tenía razón, y sabía que no estaba tratando de lastimarme de ninguna manera; estaba siendo realista y trataba de evitar que me sintiera mal, si las cosas no iban a mi favor en la corte. Aunque nunca perdí las esperanzas, también me negué a perder de vista mi objetivo. Teníamos dos meses para preparar mi caso.

La fecha de la corte parecía venir rápidamente. Lucecita y Lemuel se sentaron detrás de mí en el tribunal. Antes de entrar a la sala del tribunal, Lucecita me tomó de la mano y me dijo que me mantuviera tranquila y calmada. "Solo escucha lo que el juez tiene que decir", me dijo en español, y afirmé con la cabeza.

Me senté en la sala y miré a mi alrededor. Fue mi primera vez en un juzgado, y estaba nerviosa. Todo tenía un color marrón oscuro o ladrillo rojo. Se sentía oficial, lo que me aterrorizaba aún más. La habitación estaba seca, y al mismo tiempo, el aire era denso por la tensión.

Escuché pasos detrás de mí. Cuando miré hacia atrás, vi la cara y el cabello grueso teñido de negro, la cara de una persona en la que había confiado como amigo, Lucas. Lo conocí a través de Brian. Nos hicimos muy amigos, él solía visitar el restaurante casi todas las noches para cenar. También visitaba a Brian en su casa muy a menudo. A veces, Brian y yo salíamos a tomar una cerveza o incluso salíamos a bailar, y Lucas y Vivian se unían a nosotros. Era el mejor amigo de Brian. Por lo general, se vestía de manera informal, pero en la corte llevaba una camisa blanca con botones debajo de un traje grueso de tejido marrón con medias blancas y zapatos negros. Muy mal vestido, su atuendo no combinaba en nada, y caminaba como si estuviera incómodo, como si sus zapatos no le sirvieran. O tal vez él mismo sabía que lo que estaba a punto de hacer estaba mal. Miré a Brian, que estaba sentado junto a su abogado. Apenas hicimos contacto visual.

Lucas tomó el lado de Brian. Se presentó ante la jueza, los abogados, los testigos y de mí; y juró por su honor decir la verdad. No podía creer lo que dijo después. Estaba mintiendo antes de siquiera decir una palabra. En ese momento, quería verlo muerto, le "corté los ojos" y fruncí los labios. La abogada de Brian comenzó a hacerle preguntas sobre mí y él respondió de manera robótica.

-"Ella es mala. Ella es una mala madre. Ella no cuidaría bien a Leonardo. Nosotros, como estado y como nación, necesitamos mantener a este niño. Él es un americano."

No podía creer lo que estaba escuchando, él ni siquiera me había visto como madre. Era como si estuviera leyendo un guión mal memorizado. No lo podía creer. Después de más de un año de conocer a Lucas, me di cuenta de que no tenía idea de quién era él, además, en mi opinión, un mentiroso que ayudaba a Brian a quitarme a mi hijo. Miré a la jueza, quien parecía sorprendida por sus comentarios, especialmente porque todavía no había tenido la oportunidad de ser madre de mi hijo. Ella siguió escuchando mientras Lucas, el único testigo, se sentaba allí traicionándome y diciendo mentiras que ponían una barrera aún mayor entre mi hijo y yo.

Luego me llamaron para subir al estrado de testigos. Estaba sentada frente a frente a Brian y su abogada. Había estado practicando mi inglés todos los días desde el nacimiento de Leonardo, para este momento.

Hablando en voz alta, como si fuera una niña pequeña, la abogada de Brian dijo: -"Argentina, voy a hacerle algunas preguntas. ¿Está bien?"

Asentí con la cabeza, pero la jueza me dijo que tenía que responder verbalmente. Yo dije: -"Está bien."

-"Argentina, ¿has tenido hijos antes?", - preguntó.

Respondí con orgullo: -"Sí, una hija. Actualmente está en la República Dominicana con mi familia. Mi maravillosa madre la está cuidando mientras yo arreglo este desastre. Estuve aquí entrenando para mi trabajo y me quedé atascada. Mi hija es encantadora. Su nombre es Sabella. Hablamos todos los días."

Ella me miró con dureza. "Solo responde la pregunta. No necesito saber su nombre", - me sonrió y continuó:- "Argentina, ¿es verdad que no has visto a tu hija en más de un año?"

Ella estaba tratando de intimidarme, pero no la dejaba.

Yo respondí, -"Sí. Y voy a estar aquí por un tiempo, pero la próxima vez que la vea, será para mostrarle un hermoso hermanito nuevo, Leonardo."

-"¿Qué edad tiene tu hija?"

-"Ella acaba de cumplir siete años."

-"¿Y sabes dónde está y qué está haciendo ahora mismo?"

Hice una pausa y dije: -"Bueno, actualmente ella está en una excelente escuela privada en la República Dominicana aprendiendo a ser una joven inteligente."

No había manera de que la dejara ganar. Sí, hacía mucho tiempo que no veía a Sabella. Sí, esta era una situación terrible. Pero no podía dejar que el abogado viera cómo se me rompía el corazón en el estrado de los testigos. Yo era demasiado orgullosa.

La abogada de Brian era una mujer de mal gusto. Escupía al hablar. Pudo haberse vestido como una verdadera abogada, pero en mi opinión, estaba lejos de ser una dama elegante, con su costosa bufanda de diseño atada alrededor de su garganta, y un traje que le apretaba el cuerpo. Sus tacones de aguja grises parecían apuñalar el suelo de madera con cada paso, y en mi mente, todavía puedo escuchar el toque de sus tacones. Todo el atuendo no tenía esperanza de impresionar a nadie, especialmente a mí. La tuve bien cerca cada vez que me hablaba. Pude haberla alcanzado y tocado, si lo hubiese querido. Pero no quería tocarla; más bien, quería agarrar la bufanda y estrangularla con esa maldita cosa hasta que se pusiera azul. Pero no importa cuánto lo intentara ese día, me negué a dejar que ella se saliera con la suya y ayudara a quitarme a Leonardo. No había visto a Sabella en más de un año, y no había visto a Leonardo en dos meses. No había manera de que permitiera perder a mi hijo y no poder ver a mi hija, por culpa de esta abogada con su actitud desagradable y un ego más grande que el tribunal.

No pude evitar preguntarme qué pensaba la jueza; ella pudo haber estado desconcertada o ser compasiva, pero no creo que haya dejado de mirarme desde el momento en que subí al estrado.

La jueza sabía que no podía hacer mucho, pero cuando me miró, sus ojos estaban llenos de simpatía; era obvio que estaba sufriendo por mi situación. Una vez terminado el interrogatorio, se tomó la decisión. La jueza nos explicó al abogado y a mí que hasta que mi visa no fuera actualizada y tuviera una forma de proporcionar cobertura médica para mi hijo, Brian tendría la custodia física, pero me concedería derechos de visita para ver a Leonardo en la casa de Brian. Sentí como si me hubieran apuñalado en el corazón. Aunque sabía que no estaba en mi favor, tenía muchas esperanzas de que obtendría la custodia de mi hijo. Me sentí impotente y sin esperanza.

Aunque esto no era lo que yo quería, estaba agradecida de que al menos podría ver a mi hijo otra vez. Miré a la jueza. Tenía una mirada solemne en su cara. Ella apenas me miraba. Me puse a pensar en la decisión que había tomado y cuando la dijo, todo hizo clic.

-"Su señoría, ¿puedo hacer una pregunta?", - dije.

-Puede.- me respondió.

Le pregunté: -"¿Me está diciendo que si obtengo otra visa y obtengo atención médica para mi hijo, podría recuperarlo?"

Ella respondió:- "Eso es exactamente lo que estoy diciendo."

Me quedé estupefacta. Había una manera de recuperar a Leonardo.

Se suspendió la sesión judicial y todos salimos de la sala. Aunque ahora podía verlo, todavía estaba lejos de mi hijo. Mientras salía del juzgado, escuché hablando a Brian y a Lucas.

Estaban celebrando un caso judicial aparentemente exitoso. Y de repente, yo estaba hecha pedazos una vez más.

Pero mi querido amigo Lemuel sostuvo mis restos destrozados al tomar mi mano. Me miró directamente a la cara y me secó las lágrimas.

-"Argentina, necesitas tu visa para recuperar a este bebé, ¿entendiste?", -me dijo suavemente.

Asentí en respuesta.

Me dijo que había una manera de obtener mi visa rápidamente, y que era casi gratis. Me miró a los ojos y apretó mi mano un poco más fuerte.

-"¿Te casarías conmigo?"- preguntó.

Yo sabía que él me amaba. Me amaba desde el día que nos conocimos. Habíamos hablado de eso antes. Él era mi amigo y mi confidente, y teníamos un vínculo increíble, pero no amor. No lo quería de esa manera, y temía que nunca lo haría.

-"¿Estarías bien con eso, Argentina?"

¿Que si estaba de acuerdo? No tenía la menor idea.

Le dije que tenía miedo. Tenía miedo por mi bebé y por mi futuro. Tenía miedo por él. Me sorprendió y me quedé estupefacta por su propuesta. Por mucho que quisiera recuperar a mi bebé, lo último que quería era hacerle daño a él o a nuestra amistad.

Así que apreté su mano de la forma en que apretó la mía, y una lágrima cayó de uno de mis ojos que no pudo atrapar. Lo amaba como a un hermano o un amigo, nada más. Sin embargo, allí estábamos, apenas diez minutos después de la audiencia, y este gran hombre acababa de hacer la pregunta. No era exactamente lo que estaba esperando.

-"Pero, ¿y si nunca te llego a amar? ¿Entonces qué? -pregunté en voz baja.

Miró hacia abajo y respiró hondo.

Aguantándose las lágrimas, Lemuel me dijo que había más que suficiente amor para los tres en su corazón. Asentí con la cabeza una vez más. Él tenía su respuesta.

LA LUCHA CONTINÚA

Había una boda que planear, un vestido que encontrar, testigos que reunir, y muy poco tiempo para ir a casa y regresar a la ciudad para una boda. Teníamos que darnos prisa, porque sabía que Brian intentaría hacerme otra jugarreta. Mi nuevo prometido, Lucecita, Harold y yo nos subimos al Jeep negro de Harold, salimos del Palacio y nos fuimos directo a la casa de Lucecita y Harold para encontrar un vestido y obtener los documentos necesarios. Salté del auto y corrí hacia la puerta principal de su hermosa y espaciosa casa en las afueras de la ciudad. No había tiempo para el té, ni para sentarse. Nos dirigimos directamente a su vestidor en la parte trasera de la casa.

Nunca había visto tanta ropa en el vestidor de nadie. Era un arcoíris, organizado por colores, luego por estilos, en perchas de madera. El vestidor era enorme, aproximadamente del tamaño de mi habitación, y cada vestido estaba perfectamente limpio. Buscamos y buscamos el vestido perfecto para el día de mi boda. Volé a través de docenas de estilos y etiquetas, todos ellos intactos, aún con etiquetas de grandes almacenes. Entonces Lucecita tomó un vestido y me preguntó si me gustaba.

El vestido era hermoso. Era una mezcla de azul marino con lunares grises y blancos por todas partes. Las mangas y la parte superior fueron hechas de malla. Era un azul más claro que el resto del vestido, y mi piel se veía un poco. Todavía tenía las etiquetas de la tienda. Me encantó. No era ortodoxo para una novia usarlo, pero supongo que era apropiado para mí, considerando las circunstancias inusuales de la boda.

Por la mañana, nos fuimos de nuevo. Estábamos emocionados, y no parábamos de hablar, las tres horas en la carretera volaron mientras Lemuel y yo nos dirigíamos hacia un nuevo futuro. El día de nuestra boda transcurrió tan rápido que apenas puedo recordarlo ahora, pero sí recuerdo el juez, Lemuel estaba emocionado y se veía tan bien vestido en su hermoso traje. Nos anunciaron como marido y mujer, compartimos un suave beso, intercambiamos grandes sonrisas y la ceremonia terminó. No recuerdo bien ese día, pero al final de la tarde ya estábamos casados. Y no podría haber estado más agradecida con él.

Tan pronto como habíamos llegado, mi nuevo novio y yo nos fuimos. Fue extraño volver al lugar donde nació Leonardo y todavía no tenerlo conmigo. Pero no importaba porque ahora sostenía el papel que demostraba que mi estado migratorio ya no era el mismo, ya no era solo una visitante con un permiso de trabajo renovable, sino una residente permanente. Estaba casada y estaba lista para continuar luchando por mi hijo con Lemuel a mi lado.

Nos fuimos volando por la carretera, de regreso a la ciudad sin parar para nada, directamente a la oficina del abogado para abrir el caso en la corte. No había dormido por más de un día y medio, pero estaba más despierta que nunca.

Entramos en la oficina del abogado al final de la tarde, él levantó la vista desde su escritorio. "Te he estado esperando", dijo sonriendo. Saqué el certificado y se lo entregué. Lo miró, sonrió un poco más y me dijo que finalmente tenía la oportunidad legítima de recuperar a Leonardo. Hice lo correcto al casarme con Lemuel, gracias a Dios. Con mi certificado de matrimonio en mano, inmediatamente solicité una visa para garantizar mi estabilidad en los Estados Unidos. Como legalmente había venido aquí con un permiso de trabajo, solo tenía un corto período de espera para mi Tarjeta Verde y podía reunirme con mi bebé.

Durante este tiempo de espera, visité a Leonardo cada vez que pude. Fue triste y difícil porque solo podía verlo en la casa de Brian. Constantemente me preocupé por Leonardo debido a sus condiciones de salud, por haber nacido tan prematuramente. Deseaba estar con él permanentemente para poder cuidarlo como lo debería hacer una madre. Cada vez que tenía que dejar a Leonardo, lloraba. Hubo ocasiones en que traté de amamantarlo pero no estaba produciendo suficiente leche debido a mi estrés y ansiedad. Mis emociones subían y bajaban, pero intenté mantenerme concentrada y hacer lo que fuera necesario para recuperarlo.

Una noche, recibí una llamada telefónica de la hermana de Brian, Tia, que vivía en Chicago. Tia dijo que Brian y Vivian habían llevado a Leonardo a Chicago, con el pretexto de una visita, sin informarle al jurado ni a mí.

Ella dijo: -"Solo quería decirte que Leonardo está aquí, Argentina. Es hermoso, y lo estoy cuidando bien, ¿ok?".

Su completa honestidad y respeto me tomaron por sorpresa. No dije mucho, simplemente porque en ese momento no confiaba en nada que viniera de Brian, y no quería decir nada que pudiera actuar en mi contra. Sin embargo, ella me dijo que haría todo lo posible para ayudarme a recuperar a mi pequeño Leonardo. Sabía que ella era muy cercana a Brian, así que no esperaba que me ayudara. Agradecí su llamada, y me ayudó a preocuparme un poco menos, al saber dónde estaba el niño.

-"Él necesita a su madre", -dijo con firmeza, y pude escuchar la sinceridad en su voz.

Todavía se suponía que podía ver a Leonardo, pero la visita de Brian a Chicago me asustó. Me sentí impotente y sola. ¿Qué pasa si se queda en Chicago con Leonardo, y no puedo volver a verlo? Odiaba el hecho de que Brian dejara que Vivian jugara a ser mamá con mi hijo. Aunque estaba molesta por no ver a mi bebé y por Brian habérselo llevado para Chicago, sabía que tenía que trabajar en el caso judicial. Le agradecí a Tia e inmediatamente comencé a trabajar con el abogado, quien me estaba ayudando a prepararme para el caso mientras estabilizaba mi situación personal. Le informé que Brian había ido a Chicago con Leonardo. Este hecho benefició mi parte del caso porque se suponía que podía visitar a Leonardo todas las veces que quisiera, y con Brian en Chicago, eso era imposible.

Después que nació Leonardo, caí en depresión posparto y el no tenerlo conmigo, no ayudaba mi estado. Yo era una mezcla de ansiedad y tristeza. Me sentía como si estuviera caminando contra el viento. En cada paso que intentaba avanzar, me empujaban aún más atrás. Había perdido mi fuerza de voluntad, incluso hasta para levantarme de la cama por las mañanas. A veces deseaba nunca despertar. A menudo me obligaba a ducharme, lavarme los dientes e incluso a comer. A veces licuaba la comida solo para obtener los nutrientes que necesitaba y así no caer enferma. Todo se me hacía difícil y las tareas cotidianas parecían tan abrumadoras. Me volví una persona callada, no quería ver ni hablar con nadie. Sin embargo, sabía que tenía que mantenerme fuerte y saludable si quería recuperar a mi hijo. Tuve que tomar las cosas al paso, así que hice un horario para mantenerme enfocada.

Cada día, me levantaba, encendía las luces y abría las persianas, rezaba, me bañaba, me vestía y comía algo antes de ir a ver a Leonardo. Salía a caminar y escuchaba música para olvidarme de todo y mantenerme alejada de mi cama. Oré todos los días porque estaba en mi agenda, pero a esta altura, estaba enojada con Dios. Me preguntaba constantemente: "¿Por qué me quitaste a mi hijo?" Pero no importa lo molesta que estuviera con mi situación, seguí el horario como quiera. Quería respuestas rápidas, pero Dios me enseñó a ser paciente y confiar en Él. Afortunadamente, mi amiga Lucecita, siempre estuvo a mi lado, hasta el día de hoy. Era bueno saber que tenía alguien en quien confiar y hablar. Sabía que cada tarea que realizaba, sin importar lo pequeña que pareciera, significaba que estaba a un paso más cerca de reunirme con Leonardo y obtener su custodia.

El día de la corte fue asignado unas pocas semanas después de que regresé a la ciudad y solicité mi derecho a tener Leonardo. Durante este tiempo, Lemuel y yo trabajamos día y noche para crear un ambiente ideal para el bebé. Y le preparamos una habitación. Además de las horas de trabajo en nuestra casa y en mi caso, tuve que demostrar que tenía un seguro médico e ingresos, por lo que volví a trabajar en el supermercado tiempo completo. Fui tan afortunada de que mantuvieron mi posición y mis beneficios mientras estuve fuera por casi dos meses.

Esta vez, mi abogado tenía un poco más de fe en nuestro caso. Su perspectiva positiva me dio un sentimiento de esperanza. Por primera vez, sentí que mi hijo podría estar a un paso más cerca de volver a casa con su madre. Después de recuperar un poco de confianza y sentirme más fuerte, decidí que necesitaba hablar con Brian. Sabía que probablemente no tenía deseos de hablar conmigo y que no le importaba mi situación, pero no lo hacía por él. Necesitaba hablar con él por mi bien. Lo llamé el día anterior al juicio y le pedí amablemente que me hablara al día siguiente. Él aceptó.

Llegué a la corte unos 10 minutos antes de lo que necesitaba. Brian estaba allí esperando, como yo le pedí que lo hiciera. Miré a mi alrededor. El lugar estaba desierto. Por primera vez desde que le dije que llevaba a Leonardo, estaba sola con él. Le indiqué que se acercara a mí, y lo hizo. Comencé a hablarle tan silenciosamente que casi no podía escucharme a mí misma mientras le hablaba.

-"Me has hecho pasar por tanta mierda, que ir y regresar al infierno para mí no es nada. He perdido todo el respeto que tenía por ti. Antes de entrar, debes de saber que voy hacer cualquier cosa para recuperar a mi hijo. Antes de irme de tu casa, tomé una de tus pistolas, y pienso usarla contigo si no me das a mi hijo. ¿Me entendiste?"

Por la expresión de su rostro, sabía que no me creía, pero aún así, me sentí bien diciéndoselo. Nunca haría algo así, pero estaba en un punto en que la ira y el miedo me consumían y ya estaba cansada de luchar. Después de eso, entramos a la corte.

La sesión de la corte comenzó, y se le pidió a Brian su declaración de apertura. Miró a su abogada y luego a mí, y supo que no había razón para seguir luchando. Yo había hecho mi tarea. La razón principal por la que no podía estar con Leonardo era porque no tenía un estado de inmigración estable, pero ahora entré a la sala con un nuevo poder, mi visa para permanecer en los Estados Unidos y la capacidad de proporcionar seguro de salud a Leonardo. Mi caso era sólido y no había forma de no tener su custodia exclusiva, según el tribunal. O Brian compartiría la custodia o pelearía conmigo para siempre, así que no se rehusó. Creo que Brian también se dio cuenta del estrés y las dificultades que conlleva la crianza de un niño, especialmente porque Leonardo todavía tenía problemas de salud y había que vigilarlo de manera cuidadosa y constante.

Brian estaba callado y pensativo. La corte no duró mucho. Poco después de llegar, la jueza dictaminó que me quedaría con Leonardo y que Brian y yo ahora compartiríamos la custodia física y legal. Mi corazón se llenó de felicidad y mi alma se llenó de alivio. Ya no tenía que esperar más. Iba a estar con mi hijo, de quien había estado separada por demasiado tiempo.

-"Se levanta la sesión", - anunció la jueza.

Entré con las manos vacías, pero salí con una orden judicial para recuperar a mi hijo, la cual explicaba que podía estar con él inmediatamente. Después de dos hospitalizaciones, una orden de restricción en mi contra, el viaje sorpresa de Brian a Chicago y una cantidad increíble de dolor, sufrimiento, tristeza y falta de sueño debido a la ansiedad y la depresión, había ganado. ¡Finalmente era mío!

UNA NUEVA VIDA

Leonardo ya iba a estar en mis brazos definitivamente para ser amado y cuidado, después de casi tres meses de haber estado separado de mí. Brian y Vivian vivían y trabajaban juntos; ella había estado jugando de mami con mi hijo durante mucho tiempo. No podía esperar más. Necesitaba desesperadamente sostener a mi bebé de nuevo y sacarlo del control de Brian. Al escuchar las palabras de la jueza, Lemuel, Lucecita, Harold y yo nos miramos emocionados. Lemuel y yo corrimos a su auto y subimos de un salto. Salimos de la corte hacia la casa de Brian, con Lucecita y Harold.

Al llegar a la casa que solía llamar hogar, salté de mi asiento y caminé por el sendero cubierto de nieve. Subí los pocos escalones de la entrada y toqué la puerta con firmeza. Pasaron unos segundos. Sentí que Vivian no venía lo suficientemente rápido, y me llené de ansiedad. Volví a llamar, pero esta vez noté que la puerta estaba abierta, lo que no era inusual en esta pequeña ciudad, sin embargo, entré en la casa sin avisar.

Allí estaba él. Mi pequeño Leonardo yacía profundamente dormido en el asiento de automóvil en el sofá. Leonardo llevaba el monitor portátil para su apnea del sueño, la cual fue causada por sus pulmones prematuros. Estaba conectado a una máquina en el suelo. Me quité la bufanda y envolví su cabeza en la tela cálida para protegerlo del duro invierno. En ese momento, Vivian entró en la habitación.

-"¿Qué estás haciendo aquí?", -exclamó.

-"Estoy aquí para llevar a mi bebé a casa", -le contesté. -"Soy su madre". Ella me interrumpió y me dijo que legalmente no tenía derecho. Rápidamente le mostré mis papeles para que los viera, recogí a Leonardo y nos fuimos. Ella no pudo quedarse con mi bebé, ni podía detenernos esta vez.

Mientras conducíamos hacia la casa, me quedé contemplando a mi pequeño acurrucado en su asiento junto a mí en la parte trasera del auto. Lemuel condujo hacia su condominio donde Leonardo y yo estaríamos viviendo con él. Agarré el porta-bebés y subí las escaleras. Lemuel y yo habíamos trabajado duro para prepararnos para cuando llegara este día. Me sorprendió lo mucho que había hecho por mí, una mujer embarazada que había conocido en un supermercado. ¿Quién hubiese pensado que un día sería mi esposo y cambiaría mi vida ayudándome a recuperar a mi hijo? Supongo que nadie sabe realmente lo que puede pasar uno en la vida. Puede ser una montaña rusa, pero incluso con sus altas y bajas, la vida sigue siendo un buen camino. Lo amaba y lo sigo amando hasta el día de hoy por su amabilidad y dedicación conmigo, una joven mujer dominicana de barriga redonda con un bebé pequeño. Sentía como si fuera mi ángel guardián.

Lemuel era un verdadero caballero. Él y yo dormíamos en habitaciones separadas a petición mía. Todavía me estaba recuperando mental y físicamente, y sabíamos que nuestro vínculo era una amistad muy cariñosa. Aunque nos besamos juguetonamente, nunca tuvimos intimidad. Constantemente compraba cosas para Leonardo, aun después de que yo empezara a trabajar. A veces íbamos al parque y disfrutábamos el día. Nos encantaba caminar juntos y mirar las hojas, y las recolectábamos. A Lemuel le encantaba darme datos de los diferentes tipos de árboles que encontraríamos. Siempre que podía, compraba comida y le preparaba una rica cena para agradecerle. Fue un buen trato para los dos. A menudo me decía que su condominio parecía aburrido antes de mudarme. Decía que ahora era alegre.

Siempre fue tan bueno con Leonardo. Le tenía tanto cariño que comenzó a llamarlo Leo para abreviar. Aunque era el padrastro de Leo y no tenía obligaciones legales con él, se tomó el tiempo de jugar con él y hacerlo reír. Sentía que Lemuel era su verdadero padre. Tuvimos tanta suerte de tenerlo en nuestras vidas.

A medida que pasaba el tiempo, Brian se había mudado a Chicago, pero todavía visitaba a Leonardo. Brian y yo nos manteníamos en contacto, y constantemente me proponía que dejara a Lemuel y volviera con él. Estaba confundida y no sabía qué hacer. No quería decirle a Lemuel porque no quería lastimarlo. Había hecho tanto por Leonardo y por mí.

Unos tres meses después de vivir con Lemuel, me dijo que había conocido a alguien. Yo estaba muy feliz por él. Le dije que trajera a la chica a cenar para poder conocerla. Ella era burbujeante y dulce, y tenían mucho en común, ambos eran ingenieros. Su nombre era Clara. Cociné chuletas de cerdo y la famosa ensalada de fresas de mi abuela. Salade para morir, le llamaba mi abuela, y Clara estuvo de acuerdo en que era fabulosa. Hasta tuve que darle la receta.

Sabía que Lemuel la amaba desde el momento en que entró por la puerta. Lo supe por la expresión de su rostro. Me había visto con esa misma sonrisa tonta. Lemuel y yo sostuvimos una breve charla mientras tomábamos el té. Me dijo que le gustaría anular el matrimonio, pero solo haría esto si era lo correcto para mí, y le dije que sí. Fue entonces cuando le hice saber que Brian había llamado recientemente y se había disculpado conmigo. Le hice saber a Lemuel que Brian ya no estaba con Vivian, y quería que estuviéramos juntos de nuevo y me había pedido que me mudara a Chicago con él. Me sentí triste por Lemuel porque él se preocupaba por mí, pero no lo amaba de la forma en que merecía ser amado. Nunca entendí por qué, aunque Brian me había hecho sufrir tanto, creía que era el amor de mi vida.

Lemuel y yo hablamos de nuestros sueños. Estuvimos de acuerdo en que era la mejor decisión para los dos, y ese fue el final de nuestro breve matrimonio y mi refugio con él. Se merecía ser feliz, y sabía que estaba haciendo lo mejor para Leonardo, para mí y para su padre si queríamos cualquier posibilidad de ser una familia completa. También le dije a Lemuel que estar con Brian me permitiría vigilarlo como padre. Lemuel sabía por lo que había pasado y siempre se preocupaba por el bienestar de mi bebé, y me dijo que me entendía.

Cuando Brian llamó, me dijo que no había estado listo para comprometerse antes, pero que lo estaba ahora. Por el bien de Leonardo y el mío, quería creerle. Brian también me dijo que me ayudaría a conseguir un abogado de inmigración para asegurarme de que mi estado migratorio permaneciera estable. Había vendido su restaurante en las montañas del oeste y se había mudado a Chicago para comenzar una nueva carrera.

A pesar de que todavía estaba insegura y un poco asustada por mi futuro con Brian, y aunque estaba asombrada de que él (o cualquier otra persona) pudiera haber hecho algo tan terrible, sabía que Leonardo nos unía. Él era su padre, y tenía el derecho de criarlo a mi lado. También dijo que cumpliría su promesa de traer a mi hija Sabella a los Estados Unidos para que pudiéramos estar completos como familia. Él me había ofrecido una vida familiar estable, y esto era lo que siempre deseaba para nosotros desde la primera vez que le hice saber que estaba embarazada. Todo lo que siempre había querido era ser una familia feliz juntos, así que a pesar de mi preocupación por confiar en él, respondí que sí a su propuesta.

Brian condujo desde Chicago para recogernos, me mudaría del pueblo al que por un tiempo había llamado mi hogar. Por última vez, Lemuel besó a Leonardo en la frente y le dijo, con una sonrisa, que había sido todo un gusto haberlo conocido. Se veía triste, como si estuviera conteniendo las lágrimas. Después de todo, lo había criado como a un hijo durante tres meses. Puse a Leo en el asiento del automóvil y miré a mi salvador. Lemuel no me dijo nada, así que me despedí de él, me subí a la camioneta y nos marchamos. Lemuel regresó a su condominio y observaba desde su ventana mientras nos alejábamos. Su imagen se desvaneció a medida que nuestra distancia crecía. No le di las gracias de nuevo, y es uno de mis mayores arrepentimientos. Pero creo que "darle las gracias" no hubiera sido suficiente. Lo que hizo por nosotros significó mucho más que eso.

En nuestro viaje a Chicago, fue evidente que Brian y yo aún sentíamos algo el uno por el otro, y hablamos sobre nuestra nueva vida juntos y sobre una nueva oferta de trabajo que había recibido en otro estado. Parecía feliz de vernos, y me hizo sentir bien al ver lo amable que era con Leonardo. Siempre estaba hablando con él y lo sacaba y lo entraba de la camioneta cuando hacíamos paradas. En el camino, me preguntaba a mí misma si lo que estaba haciendo era lo correcto, pero solo sabía que estaba feliz de ver a Brian.

En el camino hacia Chicago, me pidió que me casara con él, me quedé sorprendida porque había esperado mucho tiempo para escuchar eso. En mi mente, sentía que casarme con Brian sería lo más fácil. Mi corazón sabía que no había superado lo que me había hecho; él fue mi primer amor y el padre de mi hijo. Cuando salí con Bruno era muy joven, y aunque él fue el padre de mi hija, la mayor parte de nuestra relación había sido un escape, pero Brian había sido el primer hombre con el que sentí una verdadera conexión. Me quedé en silencio para pensar por unos minutos, y le respondí: - "Sí, acepto casarme contigo, pero tendremos que esperar."

Le recordé que todavía teníamos que pasar por el proceso de anular mi matrimonio con Lemuel, y que había que hacerlo paso a paso. También le dije que quería hacer un viaje a casa para visitar a mi familia y a mi hija y presentarles a Leonardo, y cuando regresara, estaría lista para casarme con él. Me dijo que me daría todo el tiempo que necesitara y que contara con su apoyo. Hablamos de nuestros planes todo el camino a Chicago.

Durante el viaje, lloramos mucho por todo lo que había sucedido, nos besábamos mientras lo perdonaba, y sentí que esta vez Brian realmente me amaba y estaba listo para hacer un verdadero compromiso con Leonardo y conmigo.

Me dijo: -"Vamos a ser una familia. No estaba listo antes, pero ahora sí lo estoy."

Un nuevo hogar para nosotros

Cuando llegamos a Chicago, conocí el lugar donde viviría. Nuestro nuevo hogar sería algo temporal, considerando que nos mudaríamos muy pronto, era hermoso. Finalmente pude conocer a la hermana de Brian, Tia, y agradecerle en persona por la llamada que había hecho y por el apoyo que me había brindado. Ella me dijo que no tenía idea de por qué Brian había actuado de la manera en que lo hizo, y agregó que la abuela de Leonardo (la madre de Brian) estaba muy decepcionada de él. - "Nunca se le quita un hijo a su madre", -dijo ella.

Nos quedamos en Chicago hasta que Leonardo cumplió ocho meses. Después de pasar noches preocupada, tratando de encontrar las palabras correctas, hice una llamada a mi familia en la República Dominicana y les dije a mi madre y a mi hermano Poli que tenían un nuevo miembro en la familia. Hablaba con ellos a menudo, especialmente para hablar con Sabella, pero nunca les había dicho sobre el embarazo ni todo lo que había sucedido. La respuesta fue mejor de lo que esperaba. Tenía miedo de que fueran ásperos conmigo, pero en cambio me dijeron que volviera a casa y que luego me harían preguntas. Les expliqué acerca de los asuntos en la corte por los que tuve que pasar y cómo había perdido la custodia de Leonardo durante tanto tiempo por culpa de Brian. Cuando pregunté si Brian podía venir conmigo a visitarlos, la respuesta fue directa: "No, todavía no."

No confiaban lo suficiente en él (y con razón, considerando lo que había sucedido). Brian me dejó ir sola sin mucho alboroto, y pensé que tal vez podría confiar en él un poco más de lo que pensaba, después de todo el fiasco con el nacimiento de Leonardo. Estaba tan emocionada de ver a mi familia por primera vez en casi dos años. Más que nada, de ver a mi Sabella y de que conociera a su hermanito.

Cuando llegamos al aeropuerto, rápidamente me di cuenta de que ya no había ningún secreto: todos me recibieron, incluyendo mis padres y mis hermanos., fue un poco abrumador, pero no lo habría tenido de otra manera. Intercambiamos innumerables abrazos y besos compensando casi dos años de mi ausencia. Todos hablaban a la vez. Había mucha emoción por el encuentro y de ver a Leonardo por primera vez.

Después de extrañarla por tanto tiempo, finalmente pude ver a mi hija, ella estaba tan feliz de verme. Sabella tenía largas trenzas y llevaba un vestido blanco. Desde la última vez que la vi, había crecido mucho y tenía muchas preguntas sobre su hermano pequeño y sobre mí. Amaba los ojos verdes y el cabello rubio de su hermanito. Fue bueno tener a Sabella y Leonardo juntos por primera vez. Sabella estaba encantada de conocerlo. Siempre fue inteligente e inquisitiva, y estaba tan emocionada como yo al verla, después del largo viaje a casa, tenía problemas para concentrarme en sus preguntas, pues no paraba de hablar. Una vez que tuve un poco de descanso y algo de tiempo con mi familia, pasé la mayor parte con Sabella; hablamos sobre América y lo emocionada que estaba de traerla allí.

Poco después de llegar, decidí ir a visitar a mi tío Pablo a su finca. Había pasado mucho tiempo desde que había estado allá y recordé los días de mi infancia cuando íbamos de visita. Se sentía tan bien estar de vuelta en el lugar que había sido mi escape mientras crecía. Me encantaba ver a Sabella jugar con Leonardo, y el niño estaba fascinado con los pollos. Mi tío Pablo siempre me hacía sonreír y me hacía sentir en paz. Creo que era por su espíritu de tranquilidad. Nunca parecía estresado, y nunca lo había visto enojado. Estaba tan contenta de verlo de nuevo.

Una tarde, cuando los niños estaban tomando una siesta, mi hermano Poli me pidió que me sentara en el patio, él entró a la casa y buscó una jarra de limonada y dos vasos. Cuando regresó, se sentó a mi lado y me preguntó sobre mi estadía en América. Mi hermano Poli ahora era abogado, no contuve nada sobre mis problemas, le conté todo lo que pasé con la pérdida de Leonardo debido a la maniobra legal de Brian. Comencé a desplegar la historia de ir a la corte para obtener la custodia de Leonardo y el sufrimiento por el que pasé luchando por mi bebé.

-"Me hubiera gustado que estuvieses allí para presenciarlo todo",- le dije a mi hermano mayor. -"Sentí que mis manos estaban atadas. Como no tenía una visa activa en ese momento, no podía tener a mi hijo. Cuando me fui a Estados Unidos, no esperaba que las cosas resultaran así."

Poli me miró con compasión y me explicó amablemente: -"No quiero que te sientas mal, pero creo que soy la persona adecuada para decírtelo. Aunque no tengo una comprensión perfecta de las leyes en los EE.UU. creo que la jueza no tenía otra alternativa, según las condiciones de salud de Leonardo y los problemas con tu visa."

Interrumpí y dije: -"¿Entonces no era suficiente que yo fuera su madre?"

Él asintió con la cabeza y dijo: -"Creo que todo se basó en tu estado migratorio. Sé que te molesta. Pero luchaste duro, y ahora tienes a Leonardo. Tiene mucha suerte de tener una madre como tú, que lo ama tanto"-. Continuó: -"Sé que estás disfrutando estar de vuelta aquí en la República Dominicana, pero no puedes quedarte aquí para siempre. Sabes que tienes que volver a los Estados Unidos."

Sabía que Poli tenía razón. Tenía que volver a Estados Unidos. Le dije a Poli: "Brian quiere casarse conmigo. Me dijo que iba a cambiar y me demostrará que podemos ser una familia. Él me ayudará a traer a Sabella a América porque sabe que mi sueño ha sido tener una familia y tener a Sabella y Leonardo juntos". -Agregué: -"Quiero creerle, pero es muy difícil confiar en él. A veces miro a Brian y lo amo, pero otras veces no puedo soportar ver su rostro por lo que me hizo."

Poli me dijo: -"Te entiendo, pero la gente comete errores. Tal vez no estaba pensando bien en el momento en que quedaste embarazada, y tal vez no estaba listo para tener una relación o ser un padre". Señaló: "Puede ser que después de ver a su hijo, cambiara. Sé que te lastimó mucho, pero creo que deberías darle la oportunidad de ser padre y esposo. También creo que es una buena idea que te cases con él, ya que él está dispuesto a ayudarte a estabilizar tu estado y llevar a Sabella a los Estados Unidos."

Poli se levantó y me abrazó.- "Estoy muy orgulloso de ti, manita", -dijo. -"Eres tan fuerte, y te amo. También eres una madre maravillosa para Sabella y Leonardo".

Me sentí un poco mejor con la situación por la que estaba pasando. Era tan bueno estar con mi hermano para hablar una vez más.

Poco después de mi llegada, hablé con mi padre, y no voy a mentir, todavía me molestaba que mi padre siguiera con el alcoholismo, el abuso y la infidelidad, pero él seguía siendo mi padre. Quería hablar conmigo sobre el bebé y dijo que quería mantenernos a salvo, así que le conté todo, de principio a fin. Unas horas después de nuestra conversación, noté una expresión familiar en su rostro. Estaba pensando, y como siempre tenía un plan, sabía que estaba intentando crear otro para mí en ese momento. Aunque teníamos nuestras diferencias, llevábamos algo en común y era que éramos audaces. Hizo una pausa en la conversación y luego me preguntó si tenía el certificado de nacimiento de Leonardo y mi visa.

Yo respondí:- "Sí, los tengo."

Luego me preguntó: -"¿Quieres evitar que Brian pueda tomar a Leonardo de nuevo?"

Naturalmente, respondí: -"Sí".- Todavía estaba aterrorizada de que Brian lo hiciera de nuevo.

Mi papá me dijo que fuera a buscar el certificado de nacimiento y mi visa y se los trajera. Cuando volví, le entregué los papeles.

Para mi tremenda sorpresa, sacó su encendedor y prendió fuego a los papeles. Me miró y me dijo: "Ahora no puede sacar a Leo de este país por su cuenta, al menos no por un tiempo. ¿Tienes una carta que te permita sacar a Leonardo del país?"

Sin saber lo que estaba pasando y un poco insegura de cómo responder, le dije que sí, y él me dijo que guardara la carta en un lugar seguro. En ese momento, no podía creer lo que había hecho y pensé que esta era probablemente una combinación de una de las ideas más locas y brillantes, porque significaba que Brian no podía sacar a Leo de mi país de origen, al menos no por un buen tiempo. Pensé que era algo muy extraño que mi papá hiciera eso por mí, pero a su modo de control, estaba tratando de protegernos, a mí y a su nieto.

Por ahora, al menos estábamos seguros en mi casa en la República Dominicana. Me sentía bien. Estaba con mi familia:

mis hermanos, mis hermanas, mi madre y mis dos hijos. Me sentía tranquila por primera vez en mucho tiempo.

Aunque mi padre y yo teníamos nuestras diferencias, sus precauciones extremas para nuestra seguridad demostraron que él se preocupaba por mí. Estaba lejos de ser el padre perfecto, pero me di cuenta de que estaba dispuesto a proteger a mi hijo y a mí. Él había demostrado su amor a su manera, y me sentí un poco más en paz con él.

De regreso a América

Brian no estaba muy contento por todo el trabajo que tuvo que pasar para poder traernos de regreso a los Estados Unidos, le llevó casi dos meses, pero lo hizo. Se tomó la molestia de contratar a un abogado y completar una inmensa cantidad de papeleo solo para recuperarnos. Mientras estaba en la República Dominicana, hablamos por teléfono constantemente tratando de resolver la situación y comenzamos a reconectarnos. Estaba dispuesto a hacer todo por mí y por Leonardo, y estaba haciendo lo posible para demostrar que quería que estuviéramos juntos. Finalmente, ya estaba segura de que volver a estar con él era lo correcto, y me di cuenta de que hablaba en serio cuando me pedía que me casara con él. Brian sabía todo lo que tenía que decir y hacer para que volviera a confiar en él, y estaba emocionada de regresar a los Estados Unidos y comenzar el proceso de completar el papeleo para que Sabella pudiera finalmente vivir con nosotros, una vez que obtuviera mi visa permanente.

Sentía que tenía una familia estable y feliz. Poco después de regresar de la República Dominicana, nos mudamos a Mississippi por el trabajo de Brian. Intentamos ser felices y por un tiempo, nuestras vidas iban bien. Brian trabajaba durante el día y yo comencé a trabajar en un restaurante por la noche mientras Brian cuidaba a Leonardo. Con el tiempo, fuimos al juzgado y nos casamos.

Sabella todavía vivía con mis padres, y su padre la visitaba regularmente en la casa. Desafortunadamente, mientras trabajaba en su papeleo, el padre de Sabella, Bruno, se la llevó de la casa de mis padres en una de sus visitas. Mi amiga Perla me llamó un día completamente sorprendida de que Bruno hiciera tal cosa. Ninguno de nosotros lo vio venir, y tratamos desesperadamente de averiguar cómo encontrarla y recuperarla. Bruno le había dicho a mis padres que iba a llevar a Sabella a almorzar, pero en cambio, la llevó a vivir con él donde se había mudado, y no le dijo a nadie dónde estaba.

Estaba muy preocupada. Sabía que Bruno era un buen padre y él cuidaba de Sabella, pero no podía creer que tuviera el valor de llevársela. Decir que estaba molesta era una subestimación. Estaba tan cerca de haber terminado con el papeleo para que Sabella pudiera mudarse a Estados Unidos conmigo, y ahora había un nuevo obstáculo. Pero como con cualquier otro desafío casi imposible, decidí que haría lo que fuera necesario para encontrar a Sabella y traerla a vivir con nosotros.

Yo estaba ansiosa tratando de averiguar dónde habían ido. Tuvimos que comenzar de la nada para encontrar a mi hija. Brian y yo contratamos a un investigador privado para ayudarnos a buscarla. Al principio pensé que estaban en Puerto Rico, porque Bruno había estado viviendo allí, pero descubrimos que Bruno ahora vivía en Texas. Comenzamos a llamar a todas las escuelas del estado, buscando a mi hija. Después de 30 días, finalmente localizamos a Sabella. Esos 30 días de ansiedad y preocupación me parecieron una eternidad. No podía soportar el no saber dónde estaba mi hija y no poder hablar con ella. La encontramos en una de las escuelas y logramos que la policía nos acompañara cuando fuimos a recogerla. Sabella estaba muy confundida por toda la situación.

Me quedé en Texas durante varias semanas negociando con su padre un acuerdo de custodia. Finalmente acordamos compartir la custodia. Pasaría parte del tiempo con él en Texas y el resto del tiempo con nosotros. Le pedí a Brian que buscara un trabajo en Texas para facilitar que el padre de Sabella y yo compartiéramos la custodia. No quería que Sabella tuviera que estar viajando de aquí para allá. Quería que ella pudiera permanecer en la misma escuela a la que estaba asistiendo. No quería hacerla pasar por más cambios.

Fue alrededor de esa etapa que quedé embarazada de Victoria. Mi princesa Victoria fue totalmente planeada. Había deseado otra hija durante años, y quería que al menos dos de mis hijos fueran del mismo padre y estuvieran juntos. Sabiendo esto, Brian hizo todo lo posible por hacerme feliz. Prometió que intentaría trabajar en corregir sus defectos como burlarse de mi acento, y no me decepcionó. Había completado el círculo; regresé a un lugar en Estados Unidos al que había llamado hogar por primera vez cuando estaba entrenando como azafata.

Según lo planeado, Victoria fue nuestra bebé navideña. Ella nació de ocho libras, de piel clara, cabello castaño y ojos grandes y marrones. Para su primera Navidad, estaba en la cuna junto al árbol con un pequeño vestido rojo con una flor en el pelo.

Para Sabella y para mí era difícil dejarla dormir, porque ambas la queríamos y odiábamos tener que separarnos de ella, aunque le recordaba que Victoria tenía que descansar. A menudo le cantábamos para dormir. Cuando estaba despierta, la sostuve y disfruté de la ale- gría de tener a mi hermosa bebé recién nacida. Victoria había sido el primer bebé que no tuve que dejar con nadie, por lo que fui sobreprotectora y no le quitaba los ojos de encima. Ella era una bebé muy feliz. Su primera palabra fue pajarito, era muy poco común para una primera palabra, sin embargo, nos entretenía mucho. Llamaba pajarito a cualquier animal que viera; era adorable. Victoria era una niña amable y dulce, y disfruté verla crecer. A Sabella y Leonardo les encantaba tener una hermanita. Fue uno de los momentos más felices de mi vida: tuve a Sabella, Leonardo y Victoria juntos. Por fin éramos una familia completa. En ese momento, mi vida parecía perfecta.

Luego Brian perdió su trabajo en Texas y finalmente nos mudamos a St. Louis por una nueva oportunidad laboral para él, donde trabajó como gerente principal de una compañía que tenía muchas cadenas de restaurantes, por lo que tenía que viajar con frecuencia. Sabella tenía ya la edad suficiente para decidir dónde quería vivir, y decidió quedarse en Texas. Para ella era muy difícil, alejarse de sus amigos y de su vida en Texas, aunque deseaba tenerla con nosotros permanentemente. Sin embargo, siempre nos aseguramos de que Sabella viniera a visitarnos a St. Louis al menos una vez al mes.

A pesar de que Brian había prometido trabajar en nuestra felicidad juntos, cuando yo recordaba lo que él me había hecho con mi hijo Leonardo, eso era demasiado para mí. Añadido a eso, lo impredecible que era su conducta no era algo que me ayudaba. Fue muy difícil tener que mudarnos a menudo, esta vez a St. Louis, no fue fácil y me hizo sentir insegura porque tenía que empezar a encontrar nuevos amigos y un nuevo trabajo y para el colmo el clima de St Louis, casi me volvía loca.

Aproximadamente un año después de casarnos, el carácter de Brian se hizo más claro, y comencé a darme cuenta de que nos habíamos enamorado tan rápido que realmente no nos conocíamos. Descubrí que mi incapacidad de confiar en él me hacía sentir incómoda e insegura, y tanto su inestabilidad como el clima, me molestaban mucho. Brian estaba frecuentemente en movimiento: cambiaba de trabajo, de dirección y de opinión constantemente. También viajaba mucho por su trabajo y casi nunca estaba en casa. Cuando estaba un día era amoroso, pero al día siguiente, su mente estaba lejos de aquí. Afortunadamente, no bebía, pero le gustaba tener el control.

Lo peor era cuando discutíamos y me comentaba que los niños eran suyos y, como aún no era ciudadana de los Estados Unidos, podía quitármelos. Discutíamos a menudo porque Brian iba y venía. No me decía cuándo iba a salir de la ciudad. Se volvió muy controlador en nuestra relación, y yo no sabía cómo manejar la situación, pero sabía que tenía que defenderme y defender a mis hijos.

Recuerdo que una vez mientras discutíamos me dijo que si alguna vez nos divorciábamos, él se llevaría a Leonardo y dejaría a Victoria conmigo. No podía soportar la idea de separar a mis hijos o estar separada de cualquiera de ellos. Habían pasado años sin separarme de mis hijos y no iba a permitir que volviera a suceder. Ser una madre para mis hijos era la mayor recompensa, y me negaba a que me los arrebataran. Me molestaba la posibilidad de que él pudiera hacer algo así de nuevo. Y aunque sus amenazas no fueran totalmente en serio, él estaba jugando con mis emociones, causándome inestabilidad emocional, lo que me hacían sentir molesta y preocupada constantemente. Mi ansiedad por las frecuentes separaciones y mi temor por lo que había hecho en el pasado se volvieron demasiado grandes. Aunque lo intenté, sus continuas amenazas de tomar a Leonardo significaban que ya no podía confiar en Brian.

Tres años después del nacimiento de Victoria, el matrimonio se vino abajo. Era obvio que quería seguir con sus cosas, y yo ya no quería seguir luchando con su comportamiento errático. Los detalles del divorcio tomaron un tiempo, especialmente sobre la custodia de los niños.

Al final, el divorcio se dio sin problemas. Brian y yo acordamos compartir la custodia de los niños, y se le ordenó pagar pensión alimenticia. Eso estuvo bien hasta que se casó no mucho después del divorcio. Poco después, me llevó de vuelta al tribunal para reducir la manutención de los hijos. En la corte, me pareció que la intención de Brian era dividir a los niños para no pagar el monto total. Una vez más, tuve que demostrar que podía criar a mis hijos sola. Brian argumentó que él tenía una vida estable y ahora se había vuelto a casar.

Fue un momento estresante para mí, pensar en asistir al tribunal una vez más y el miedo de que Brian obtuviera la custodia exclusiva de mis hijos. Pero yo tenía buenas evidencias a mi favor.

Por lo general, recibía llamadas de Brian pidiéndome que recogiera a los niños después de la escuela o después de la práctica o incluso de un juego, porque no podía ir por ellos a tiempo. Era alarmante encontrar solos a Leonardo o a Victoria, eran muy pequeños para tener que quedarse esperando después de un evento. Traté de guardar compostura en frente de los niños, y trataba de cubrir a Brian, para que no pensaran que su padre se había olvidado de ellos, pero también me di cuenta de que no podía contar con Brian, y que ellos no deberían tener que esperar solos afuera de un edificio vacío nunca jamás. Por lo que tomé control de la situación y decidí esperar afuera con los niños cuando Brian tenía programado recogerlos. Si él aparecía, les decía: -"Adiós que se divirtieran", y los ponía en camino con él. Si no se aparecía, simplemente decía: -"De acuerdo, es hora de irse", y actuar como si no fuera un gran problema para que no se sintieran decepcionados. No quería que lo vieran con malos ojos.

Brian convenció a la corte para que le redujeran la cantidad que tenía que pagar por la manutención infantil, pero afortunadamente, debido a que no era confiable cuando era su turno de recogerlos en la escuela, no logró obtener la custodia completa.

Aunque Brian y yo ya no nos queríamos y solo hablábamos cuando era necesario, él se ha mantenido presente en las vidas de Leonardo y Victoria. Para ellos, él era un gran padre. Incluso si no estábamos de acuerdo con cosas relacionadas con los niños, Brian y yo nos esforzamos por ser diplomáticos por su bien.

POR NUESTRA CUENTA

Después de divorciarme de Brian, terminé quedándome en St. Louis. No había forma de mudarnos, así que decidí hacer de St. Louis nuestro hogar. Cuando nos mudamos allí por primera vez, conseguí trabajo en un restaurante de un casino local. Después del divorcio, para poder mantener a mis hijos, continué trabajando en ese lugar como camarera mientras una joven de Columbia cuidaba de Leonardo y Victoria. Mi inglés no era perfecto, pero ya había recorrido un largo camino en los Estados Unidos. Mientras trabajaba en el casino, comencé a tomar clases en el colegio comunitario para mejorar mis habilidades lingüísticas.

Ya tenía un buen tiempo trabajando y me iba muy bien, por lo que decidí preguntarles a los gerentes si podía recibir entrenamiento en los otros restaurantes del casino, a lo que ellos aceptaron con mucho gusto. Sabían que trabajaba duro y que necesitaba un horario más flexible para estar con mis hijos, cosa que podía hacer, si me entrenaban en los otros restaurantes. Mi desenvolvimiento fue tan bueno, que me convertí en una empleada muy valiosa, logrando luego del entrenamiento un ascenso a la posición de líder. Mi nuevo horario de trabajo me permitía pasar más tiempo con mis hijos. Estuve agradecida porque también podía estar con Sabella cuando venía a visitarme. Durante este tiempo también pude asistir a clases de inglés en el colegio comunitario. Aunque trabajar y tomar clases era difícil, y a veces sentía que rara vez tenía un descanso. Sabía que algún día valdría la pena aprender el idioma. Obtener una educación era importante para poder ofrecer a mis hijos una vida mejor.

Mientras asistía a las clases, los niños me acompañaban al colegio comunitario y se quedaban en la guardería del lugar. En el trayecto solíamos platicar, algunas de las mejores conversaciones que tuve con mis hijos fueron mientras manejaba hacia la escuela. En todo momento, escuchábamos música, conversábamos y reíamos; los niños también comían sus meriendas favoritas. A veces preguntaban: "¿Por qué vamos a ir a la escuela otra vez?" A lo que les respondía: "Porque mamá necesita un trabajo mejor y pueden hacer sus tareas mientras están allí." Me encantaba que pasáramos este momento juntos, pues nos unía mucho más.

Eventualmente, dejé de trabajar en el casino para alejarme del humo del cigarrillo y porque quería encontrar un trabajo donde tuviera más control de mi horario. Para hacer esto, había estado ahorrando dinero para abrir mi propio negocio. Era hora de seguir adelante. Tenía buenos recuerdos trabajando en el restaurante por el personal y la gerencia, pero había hecho otros planes para mí y mi familia, y quería ver hasta dónde me llevaría mi meta de mejorar mi situación.

En poco tiempo, obtuve mi ciudadanía estadounidense. El proceso no fue fácil y requirió mucho trabajo y dedicación, pero también fue muy emocionante. Para mí, fue informativo y divertido aprender sobre la historia de América. Me sentí inteligente. Aprendí cosas que podré usar para siempre. Aunque la prueba fue intimidante porque todo era muy serio, la emoción de convertirme en ciudadana me motivó a estudiar aún más. Me tomó un par de meses, pero me sentí libre y feliz cuando terminé. Mis hijos estaban en la ceremonia, y estaba muy emocionada por lo que significaba la ciudadanía. Había llegado tan lejos, era un gran logro. Cuando canté el himno nacional durante la ceremonia, lloré lágrimas de felicidad. Desde temprana edad, había soñado con ser ciudadana estadounidense, y ahora, finalmente, había hecho ese sueño realidad.

Con lo que había ganado y con la experiencia que había adquirido en el casino, junto con mi mejora del inglés, di un gran paso y comencé un negocio de limpieza. Necesitaba la flexibilidad para estar en casa todas las noches con mis hijos, y ésta era una excelente manera de lograr lo que necesitaba. Dirigí todo el negocio desde casa. Sorprendentemente, no pasó mucho tiempo antes de que el negocio estuviera estable. Fue entonces cuando me di cuenta de que había aprendido mucho de las habilidades empresariales de mi padre. A pesar del estrés que él me había causado, tenía que admitir lo mucho que me había enseñado, incluyendo el establecimiento de un plan de negocios adecuado, mantenerse organizado y comprar anuncios de periódicos y revistas. El legado de mi padre fue tanto mi maldición como mi inspiración.

Para este tiempo, la salud de mi padre comenzó a desmejorar rápidamente. Era diabético y seguía bebiendo, lo que empeoraba su condición. Necesitaba que le amputaran una pierna, pero su machismo era demasiado fuerte. Se negó incluso cuando los médicos le dijeron que iba a morir si no lo operaban. Volé a la República Dominicana para verlo en sus últimos días y ayudar a mi mamá a cuidarlo. Solo tenía 65 años, se estaba muriendo y yo me sentía impotente. Hablamos mucho, le leía, y nos disculpamos por la frecuencia con la que discutimos en el pasado por diferir en nuestras ideas. Sentí pena por él cuando supe que era su final. Después de una vida de comportamiento a base de alcohol, ahora estaba enfermo, sobrio y era amable. Me senté a su lado y le tomé la mano. Finalmente pude decirle: -"Me habría gustado que esto hubiese sido diferente, para que nuestra familia no creciera con tanta ansiedad y enojo, pero te amo y te amaré por siempre."

Mientras mi padre estaba en el hospital, mi tío Pablo lo visitaba con frecuencia. Siempre estuvo allí asegurándose de que estuviera cómodo y bien cuidado. Antes de morir, mi tío y yo le preguntamos si se había arrepentido, y él dijo: -"Sí". Todos lloramos. Aunque en los últimos tiempos no iba mucho a la iglesia, le pregunté si quería un pastor y me contestó que sí. Mi tío y yo pudimos ver lo tranquilo que estaba después de haberse arrepentido, y pudimos ver que ya no estaba iracundo.

Murió tres días después. Mientras estaba en el hospital me negué a dejarlo, no quería moverme de su lado. Él estaba tan cariñoso en sus últimos días. Pasar ese tiempo con mi papá había sido muy preciado porque pude decirle lo bien que me iba, que había aprendido mucho de él y que no estaba molesta con él. Independientemente de las cosas que sucedieron entre nosotros, esta última conversación me ayudó a cerrar este capítulo en paz y perdonarlo.

Cuando estaba enfermo, mi madre había hecho lo que tenía que hacer y siempre era caritativa con él. Se había acortado su vida. Ella lloró cuando él murió, pero desde entonces ha encontrado satisfacción en sí misma. Mamá decidió mantener el supermercado más cercano a su casa y vender el resto. Por primera vez, mi madre estaba sola y podía relajarse un poco.

Ahora mi madre es feliz, rodeada de sus hijos, nietos y amigos en la República Dominicana. Ella viaja a los Estados Unidos para visitarme. Cuando visita St. Louis, le encanta ir a los juegos de béisbol y al centro comercial para ir de compras. Nunca he conocido a alguien más fuerte que mi madre. Ella es una luchadora y una mujer increíble. Todos sus hijos están bien y han permanecido cerca. Ella ha hecho lo que siempre les ha enseñado a sus hijos que hicieran: "Pase lo que pase, sigan hacia adelante."

RICHARD ESTÁ A CARGO

Cuando cumplí los treinta, ya no estaba casada, pero mis hijos y yo estábamos bien. Habían pasado unos cinco años desde que Brian y yo nos divorciamos. Tenía un negocio de limpieza exitoso y nuestro estilo de vida era estable. Teníamos un bonito condominio en un buen distrito escolar con cierta solidez.

Un día, recibí una llamada telefónica para reunirme con un nuevo cliente y darle una cotización para limpiar su casa. Estaba preparada para que Richard se convirtiera en mi cliente. Sin embargo, cuando nos conocimos, Richard dejó en claro que tenía otros planes cuando me mostró su hogar grande, elegante y decorado profesionalmente. Ahí estaba, este señor mayor de unos 60 años, con una hermosa casa y con actitud coqueta. Fue muy educado y me preguntaba si quería algo de beber, pero no lo acepté. Sin embargo, después de darle el precio de la limpieza de su casa, me pidió una cita. Respondí diciendo que no salgo con clientes, así que sonrió e inmediatamente me despidió, luego me invitó a salir nuevamente. Un par de días más tarde, salimos en una cita. Me recogió y me llevó a una buena cena. Hablamos por horas y la pasamos de maravilla. Había estado trabajando duro y cuidando a mis hijos, así que fue agradable salir. Me enamoré de él. Decidí mantenerlo como cliente, lo que en ese momento me pareció una buena idea.

Solía salir a cenar y divertirme después de pasar mucho tiempo concentrándome solo en el trabajo y en mis hijos. Poco después de que empezáramos a salir, le presenté a Richard a mis hijos, quienes mostraron una incomodidad inmediata y dijeron que no les gustaba. Al preguntarles cuál era el problema, dijeron que tenían un mal presentimiento sobre él. Cometí un error en haberles presentado a Richard tan rápido, y el otro fue, el no escucharlos. Desafortunadamente para ellos y para mí, ignoré lo que me dijeron y seguí saliendo con él.

Durante este tiempo, Brian me dijo una vez más que le gustaría separar a los niños. Me lo dijo porque Leonardo era un niño, necesitaba estar con su padre. También dijo que sería más fácil para mí, porque no tenía que cuidar tanto a Leonardo como a Victoria. Estaba decepcionada porque había trabajado duro para estar donde estaba. Amaba tanto a Leonardo como a Victoria, y me negaba a separarlos. Era lo suficientemente fuerte como para criar a mis hijos juntos.

Ya estaba luchando con solo poder ver a Sabella de vez en cuando, dividir a los otros niños solo aumentaría mi ansiedad. Era muy estresante que los niños lo visitaran porque siempre quiso quedarse con Leonardo.

Le dije a Brian: -"¿Por qué es que cada vez que estoy de pie, quieres aplastarme? ¿Cuál es tu problema? Sabes que no te voy a dejar separar a los niños; necesitan estar juntos. Sigue la orden de la corte y recógelos cuando tengas que recogerlos. Estoy cansada de tener esta misma conversación. Haz tu parte, y yo haré la mía".

Me incomodaba mucho el no saber lo que Brian estaría planeando. Mis temores sobre los niños me motivaron a inclinarme hacia Richard porque necesitaba a alguien que nos protegiera, y Richard tenía los medios para hacerlo. Los niños finalmente se encariñaron con Richard; él estaba haciendo todo lo posible por ser amable con ellos y con frecuencia les compraba regalos. Cuando me pidió que me casara con él después de un año de noviazgo, acepté.

Richard quería comprar una casa de verano en Costa Rica, así que después de comprar la casa, decidió celebrar la boda allí. Me hubiera encantado casarme en la República Dominicana con toda mi familia para presenciar la ocasión especial, pero Richard estaba decidido a casarse en sus términos y en su propiedad. Sin embargo, hizo volar a mis hijos, a mi madre y a mi hermana para la ceremonia. Luego, justo antes de la ceremonia de la boda, Richard me entregó una gran cantidad de papeles para leer y dijo que tenía que firmarlos dentro de una hora. Me sorprendió su solicitud y le pregunté si podía leerlos y explicármelos, pero él dijo que los documentos solo decían que me daría una gran vida, así que los firmé ingenuamente.

La ceremonia fue larga y extremadamente complicada, y más con la sorpresa del acuerdo pre-matrimonial que me hizo firmar. Me puse de pie y firmé el documento que Richard me entregó sin entenderlo correctamente y sin un abogado. Estaba tan emocionada de casarme de nuevo, esta vez con alguien con madurez que parecía exigir respeto, y también ignoré las señales de que debería haber prestado atención. En el frenesí de la planificación, el maquillaje y el peinado, así como el hecho de que mi madre y mi hermana se unieran a mí para el evento, hice lo que me pareció mejor y más fácil, sin hacer ninguna pregunta, firmé mi nombre en la línea. Confiaba en Richard y creía que el acuerdo era por mi propio bien. Mi madre y mi hermana, sin embargo, sentían lo mismo que mis hijos: Richard era una mala noticia.

En un momento dado, mi madre dijo: -"Mi hijita, ¿qué acabas de firmar?"

Mi respuesta fue simple: -"No sé."

Luego sacudió la cabeza y me dijo: -"Le has dado el derecho de echarte en cualquier momento. Si no estás trabajando y el matrimonio no funciona, ¿qué vas a hacer por dinero?"

Avergonzada y molesta por la posibilidad de estar cometiendo un gran error, le dije: -"¡Él no haría eso!"

Caí en la mentira de que necesitaba un hombre que me protegiera y me amara para ser feliz. En ese momento, realmente pensé que Richard era el único, o al menos eso creía. Como era mayor y parecía tan seguro de sí mismo, pensé que estaba listo para estar tranquilo. Yo sí lo estaba. Pero después de nuestra boda, Richard cambió por completo. Fue un cambio del día a la noche. Antes de casarnos, a menudo venía a mi casa o me llevaba a cenar un par de veces a la semana. Él era encantador y me trataba muy bien. Poco después de casarnos, Richard me llevó a un restaurante muy elegante en St. Louis, el cual frecuentaba a menudo. Justo antes de que entráramos, me ofendió mientras me decía con condescendencia: -"No te preocupes, probablemente se quedarán mirándote porque los únicos hispanos que vienen aquí son los de limpieza". Me quedé sorprendida de que Richard tuviera el valor de decirme eso. Me sentí avergonzada e insignificante por el resto de la noche.

Luego, los instintos de mi madre pronto demostraron ser correctos, y la desafortunada verdad de la naturaleza de Richard se desarrolló cuando nos fuimos de vacaciones a la Montañas Rocosas durante la Navidad poco después de la boda. Fue entonces cuando empecé a descubrir quién era realmente mi nuevo esposo. Ya había caído la noche, los niños estaban en la cama, Richard y yo habíamos salido a celebrar la vida, y Sabella cuidaba de Leonardo y Victoria. Ya estaba cansada y le dije que quería regresar a "su" casa de vacaciones a dormir. Me dijo que se quedaría, pero que podía irme. Me fui, pero desconfiaba, considerando la cantidad de mujeres que estaban alrededor de él en el bar del restaurante, en el área del resort donde estábamos. Sabía que los dos habíamos tomado demasiados tragos y que era hora de volver a casa. Odiaba el hecho de que Richard se quedara y continuara comprando bebidas para esas mujeres. Sentí, y debí haber sabido para ese entonces, que él no me respetaba en lo absoluto, ya que debimos habernos ido juntos como una pareja casada.

Tomé un taxi de regreso a la casa, pero luego me di cuenta de que no tenía la llave de la casa. Cuando llegué, noté que las luces estaban apagadas, así que golpeé la puerta tratando de despertar a uno de los niños. Estaba por debajo de cero, y nadie se despertó, a pesar de que golpeé bien duro por mucho rato. Me estaba congelando, y desalentada por no poder entrar en la casa de noche en una ciudad extraña, decidí irme a la gasolinera abierta las 24 horas para mantenerme caliente. Miraba la carretera frente a la casa a través de la ventana de la estación de servicio, y tan pronto vi a Richard conducir por la calle, caminé de regreso a la casa. Le dije que no tenía forma de entrar. Se enojó, estaba borracho, murmurando palabras de que no debí haberlo dejado tan temprano. Agarró mi brazo y tiró fuerte, causándome mucho dolor. Me arrojó al suelo y me dijo que debí haber golpeado la puerta con más fuerza o haber encontrado otra manera de entrar en la casa. Realmente me estaba lastimando y, a pesar del intenso dolor en mi brazo, traté de defenderme. Intenté darle una patada para evitar que no me lastimara más, pero solo pude romperle las gafas. Afortunadamente, el ruido despertó a los vecinos e inmediatamente llamaron a la policía. Me llevaron al hospital y a él lo llevaron esposado a la cárcel, donde permaneció casi dos días.

Mientras pasaba la mayor parte de la noche en la sala de emergencias, me preocupaba lo que sucedería. Después de horas de espera, finalmente me vio el médico y me dijo que mi brazo estaba roto. Decidí guardar silencio sobre el incidente y no contárselo a mi familia o amigos porque estaba avergonzada. Le pedí a la policía que me llevara a casa cuando me dieron de alta, ya que no tenía dinero ni tarjetas de crédito o una forma de regresar con mis hijos a la casa de vacaciones de Richard. En el camino descubrí que la policía no era realmente fanática de Richard. Me dieron la impresión de que Richard era un personaje un tanto sombrío y hablaron de que también había lastimado a su exesposa.

Mirando ahora hacia atrás, sé que debí haberlo dejado en ese momento, pero no tenía medios para irme. Tenía tres hijos, no tenía acceso al dinero por mi cuenta, tenía un brazo roto y no tenía transporte para regresar a casa. Fue angustiante darme cuenta de lo rápido que había desaparecido mi independencia después de casarme con Richard. Cuando salió de la cárcel, al principio se enojó y dijo que mis hijos y yo podíamos caminar a casa en St. Louis, pero al final, nos fuimos con él. La mayor parte del tiempo estuvo callado, pero de vez en cuando me preguntaba si había tomado mi medicamento para el dolor y si me sentía mejor.

Por razones de seguridad y para mantener la paz, acepté lo que había pasado, pero me mantuve cautelosa. Sabella tenía la edad suficiente para saber lo que estaba pasando y, en privado, me instó a que lo dejara.

En mi corazón, sabía que ella tenía razón, pero no le hice caso ni a ella, ni a mis dudas sobre su comportamiento. En cambio, pensé erróneamente que tener a alguien a quien creía que me amaba, que podría ser un padre para mis hijos, significaba que ahora éramos una familia y teníamos que estar juntos en las buenas y en las malas. Estaba equivocada. De lo que realmente no me daba cuenta era, de que una familia se crea por el vínculo de la honestidad, el cuidado, el respeto y la confianza que las personas tienen para con los demás. A partir de ese momento, Richard nunca fue mi familia para mí por lo que me hizo, y continuó haciendo, durante nuestro matrimonio, por su comportamiento abusivo y por lo que consideré su manipulación hacia mí y mis hijos. Sin embargo, me quedé, porque tenía demasiado miedo de dejarlo o de enfrentarlo.

Mi independencia se fue desvaneciendo día a día. Él tomó el control sobre mí y no me dejó trabajar a menos que fuera para ayudarlo en su negocio. Esperaba que me quedara en casa y me ocupara de él. No pude escapar de su control porque trabajaba desde casa. Me exigía que estuviera allí para prepararle el desayuno, el almuerzo y la cena todos los días. A cambio de quedarme en esas paredes todo el día, cuidar la casa y ayudarlo con su negocio, Richard me dijo que pagaría por todo lo que necesitaba.

En ese momento pensé que era una buena idea porque al menos significaba que estaría en casa con mis hijos y los vería más a menudo. Desafortunadamente, él también se volvió controlador sobre el tiempo que pasaba con mis hijos. No me dejaba llevarlos a la escuela y en su lugar los obligaba a tomar el autobús. Con frecuencia me aburría de estar en casa día tras día. Una vez le pregunté a Richard si podía ofrecerme como voluntaria en algún lugar, y se negó. Me sentí atrapada y anhelaba un atisbo de libertad. Incluso me impidió ir a la iglesia, pero yo seguía yendo cuando él viajaba. Lo que me ayudó a superar todo esto fue mantener la fe y no dejar que él me hiciera sentir inútil. Seguí pensando: "Mañana será mejor."

Vendió mi auto, luego me dio un auto nuevo y lujoso a su nombre, que me presentó como si fuera el mío. Desafortunadamente, cuando no conseguía lo que quería conmigo, me quitaba las llaves, el dinero que tenía para emergencias y mi única tarjeta de crédito, que era una copia de la suya. En cualquier momento, tenía la capacidad de desgarrar todo lo que poseía, y me lo recordaba cada vez que se enojaba. Vivía una realidad muy aterradora e intimidante.

Cuando Richard se enfadaba, me exigía que me quedara en el dormitorio. Luego cerraba la puerta y colocaba a su perro grande y ruidoso afuera. El perro ladraba muy fuerte para avisarle si intentaba salir. Richard siempre se aseguraba de hacer este tipo de intimidación mientras los niños estaban en la escuela, por lo que ellos no tenían idea del maltrato por el que estaba pasando. Vivía en un constante estado de abuso y miedo hacia él, pero intenté mantener todo tranquilo frente a mis hijos.

Richard me hacía regalos y luego los tomaba bruscamente cuando estaba enojado. No se me permitió decorar la casa; sólo él tenía ese privilegio. Era hermosa por fuera, pero era un infierno por dentro. Richard era muy posesivo, no quería que yo estudiara y se negó a dejarme invitar a algunos de mis amigos a menos que fuera en sus términos. Solo logré mantenerme en contacto con algunos de ellos a través de conexiones secretas y comunicándoles sobre lo que estaba sucediendo. Durante este tiempo, Perla fue mi salvación. Ella siempre estaba disponible para escuchar, sin importar la hora del día. A menudo me instaba a dejar a Richard, pero sabía que no había manera de que pudiera hacerlo. Por el bien de cuidar a mis hijos, sentí que no tenía más remedio que quedarme.

En casa, sufrí continuamente porque no quería que mis hijos estuvieran sin una familia y un lugar al que llamaran hogar. Ojalá me hubiera dado cuenta de que la única familia que necesitaban eran sus hermanos y yo. Richard nunca fue cercano a nosotros, porque su comportamiento lo mantuvo distante, por lo que claramente no representaba ningún beneficio emocional tenerlo en nuestras vidas. Pero a este punto, dependíamos de la ilusión de la seguridad financiera, y esperaba que todavía fuera posible hacer que el matrimonio funcionara. Cerrando los ojos ante el abuso por el que mi madre había pasado con mi padre, pensaba que como era una relación muy nueva, tal vez teníamos tiempo para solucionarlo. Pero mis ilusiones eran muy poco realistas.

La depresión y la ansiedad pronto se convirtieron en mi realidad, y empecé a tomar alcohol en demasía. Cuando Richard y yo empezamos a salir, constantemente me llevaba a restaurantes de lujo y pedía botellas de vino, lo que parecía divertido e inofensivo en ese momento. Sin embargo, después de casarme, comencé a beber bastante, a pesar de que había jurado que nunca permitiría que el alcohol tomara el control de mí como había controlado a mi padre durante tantos años. Había crecido alrededor del alcohol y había visto los efectos devastadores que tenía sobre mi padre y mi familia, pero a medida que mi situación en el hogar empeoraba, mi buen juicio comenzó a fallar. Siempre había alcohol en la casa de Richard, y cada vez que me aburría, me sentía triste o aislada, a menudo, bebía. Lamentablemente, caí en la misma trampa de usar el alcohol como alternativa, eso había hundido a mi padre en años anteriores. Aunque no tenía la misma personalidad que él, se hizo evidente que necesitaba cambiar, a medida que me deprimía más y el matrimonio se volvía más opresivo.

SUFICIENTE, ES SUFICIENTE

Con el tiempo, me di cuenta de que mi única esperanza de ser verdaderamente feliz era salir de este matrimonio. Comencé a hacer todo lo que podía pensar para ahorrar dinero para que mis hijos y yo pudiéramos liberarnos del control de Richard. Iría al supermercado y compraría tarjetas de regalo y las escondería, de modo que cuando nos fuéramos, pudiéramos hacer algunas compras. Compraría artículos solo para devolverlos para guardar el efectivo. También recolecté las monedas que encontré por toda la casa. En la rara ocasión en la que Richard estaba de buen humor, le pedía un poco de dinero y luego lo guardaba en secreto en lugar de gastarlo. Para mí esta fue una etapa muy aterradora. Había visto cuán terrible era la ira de Richard cuando se enojaba en situaciones pequeñas y temía cómo reaccionaría si descubría lo que yo estaba haciendo. Tenía que ser extremadamente cuidadosa para que él no se enterara.

También sabía que me estaba arriesgando mucho porque Richard era muy bueno para ocultarme los secretos. Después de casarnos, supe que había muchas cosas sobre su vida y su pasado que me había ocultado. Cerraba con llave muchas de las habitaciones de su casa, incluyendo su oficina. Si quería hablar con él cuando estaba en su oficina, me hacía tocar la puerta antes de entrar.

Además de sus abusos y los secretos, descubrí información delicada sobre él. Una mujer que se identificó como una de sus exesposas me contactó y me envió fotos de mujeres que, según dijo, eran las "prostitutas" de Richard. Me sorprendió ver cuántas mujeres había en las fotos. No tenía ni idea. Comencé a considerar las señales de alerta antes de casarnos, y todo comenzó a caer en su lugar.

Su llamada me hizo pensar en cómo Richard a menudo me presionaba para ver películas pornográficas, y me rendía cuando él me hacía sentir que no tenía otra opción. Sentí que tenía que guardar silencio y hacer lo que me pedía para que no se enojara. Me hizo sentir muy incómoda e insegura. Para uno de sus cumpleaños, me dijo que quería un calendario con fotos sexy y contrató a alguien para que me las hiciera. Hasta el día de hoy, todavía no sé qué pasó con ese calendario, lo que me preocupa. También recordé que a Richard le gustaba rodearse de mujeres jóvenes, incluso cuando yo estaba cerca. Estaba preocupada por todo lo que su exesposa me había contado, especialmente sobre la posibilidad de contraer una enfermedad de transmisión sexual, por lo que ella dijo que estaba recibiendo tratamiento, lo que él negó cuando lo confronté. Cuando encontré píldoras en nuestro botiquín que probaron que había recibido tratamiento, le pregunté sobre su pasado y él me dijo que nuestra relación era diferente a las que había tenido antes, y le creí.

Entonces, una noche, lo escuché hablando por teléfono con una mujer, y era evidente que ella era una de las mujeres con las que pasaba el rato, y ésta era reciente. Richard le contó lo maravillosa que había sido la noche anterior y le pidió que volviera dos noches después para tomar una copa y cenar, "todos los gastos pagados y al doble de la tarifa habitual". —Lo confronté. Le dije que había escuchado su conversación, por lo que no tenía sentido negarlo.

Después de que lo enfrenté, comenzó a alejarse de mí. Estaba seguro de que yo tenía miedo de dejarlo porque no tenía vida fuera de él, o eso pensaba. Sin embargo, aunque era arriesgado, tenía suficiente coraje y visión para ver a un abogado. Pude pedirle al abogado que interpretara los papeles que había firmado en mi boda, y me explicó que Richard me pagaría un poco de dinero por cada año que estuviera casada con él.

Poco después de hablar con el jurista, usé la tarjeta de crédito de Richard y solicité el divorcio. Estaba cansada de sentirme constantemente humillada y atrapada, y quería poner el divorcio primero para demostrarle a él y a mí misma que podía ser fuerte e independiente una vez más. Después de que un abogado revisara el acuerdo prematrimonial que había firmado anteriormente, descubrí que Richard afirmaba que si el matrimonio no funcionaba, él ayudaría a proporcionar un lugar para que vivieran mis hijos y yo. Sin embargo, asumió que yo no entendía completamente el acuerdo que había firmado, ya que solo lo había leído el día de mi boda y luego tomó los papeles y los guardó en su oficina, los cuales pude recuperar, entrando a su oficina, sin permiso. También me di cuenta de que probablemente no se mantendría fiel a sus palabras. Así que me aseguré de que mis hijos y yo tuviéramos lo básico para irnos.

Puedo recordar el día en que finalmente tuve el coraje de decirle a Richard que había solicitado el divorcio. Estaba nerviosa porque no tenía idea de cómo reaccionaría. Tenía miedo de que él no solo reaccionara con abuso verbal sino también con abuso físico. Estaba aterrada por lo que pudiera pasarme. No obstante, nunca habría un momento perfecto para decírselo y no podía seguir alargando la relación. Por mi bien y por mis hijos, tuve que resolverlo y hablar. Estábamos arriba en su casa y habíamos empezado a discutir una vez más sobre sus infidelidades con otras mujeres. Richard comenzó a caminar hacia la otra habitación, y me arriesgué y dejé que las palabras cayeran de mi boca.

-"Richard, te puse el divorcio". Mientras hablaba, mi voz se sintió débil al principio, pero decir esas palabras en voz alta por primera vez, me dieron confianza. Finalmente me había hecho cargo de mi vida y estaba aprendiendo a defenderme. En el momento en que dejé salir las palabras, Richard se dio la vuelta en la puerta y me miró fijamente a los ojos. Tenía una mirada de sorpresa en su rostro. Él no me creía.

Comencé a retroceder lentamente. Parecía inusualmente tranquilo, pero no me sentía segura. Desde el día que me casé con él, nunca me sentía segura cuando se emborrachaba o se enojaba, y ese día él estaba borracho y enojado a la vez. No interrumpió el contacto visual y continuó mirándome, tomando un largo momento antes de responder. El silencio entre nosotros se estaba endureciendo. Retrocedí un paso más y sentí su filosa mirada. Me aferré a la barandilla y, de repente, dio un paso adelante. Me moría del miedo. Con Richard, siempre estaba adivinando qué pasaría después. Buscaba constantemente nuevas formas de mantener el control.

Su voz era baja y sus palabras se alargaron cuando respondió: - "Te destruiré."

Mis manos agarraron la barandilla con más fuerza, y continué caminando lentamente por las escaleras. Estaba sosteniendo mi teléfono celular en mis manos, y él extendió la mano para quitármelo. Me aparté rápidamente, bajé por los escalones y salí para evitar más discusiones.

Después de decirle a Richard que había solicitado el divorcio, la tensión en la casa era muy densa. Siempre había dicho que él sería el primero en solicitar el divorcio. Él no estaba acostumbrado a que las mujeres lo enfrentaran. Hacía lo posible para evitar hablar con él. Nunca quise un divorcio problemático, pero él parecía que sí. Sabía que las posibilidades de que Richard nos echara de su casa eran casi seguras, así que hice todo lo posible por razonar con él para que nos diera algo de tiempo mientras encontraba algún lugar para ir con los niños.

Mis sospechas eran correctas. Aproximadamente dos días después, en una sombría tarde de domingo, alrededor de las seis en punto, cuando la lluvia caía, un mensajero apareció en la puerta. Respondí al timbre y me regalaron flores. Al principio, pensé que era una disculpa, pero estaba equivocada. Las flores tenían una orden de restricción unida a los tallos. Me estaba echando, junto con los niños.

La orden de restricción decía que necesitaba irme en unas pocas horas. Aunque no estaba sorprendida. No hubo lágrimas. No merecía mi tiempo ni mi energía, y no quería que Leonardo y Victoria me vieran llorar. Recogí mi ropa y lo poco que pude y le dije a Leonardo que empacara las cosas que eran importantes para él. Él asintió y me obedeció. Pero al decirle a Victoria, ella no podía creerlo. Todavía era muy joven y había crecido al lado de Richard, estaba devastada de que él pudiera hacernos esto.

Durante nuestro matrimonio de cuatro años, temí que si dejaba a Richard, Brian lo usaría como una razón para obtener la custodia de los niños. Richard lo sabía, así que lo usó contra mí. Si dejaba a Richard, o si me echaba, los niños probablemente tendrían que abandonar sus escuelas. Saliendo de casa, Leonardo se sintió triste, ya que amaba la escuela a la que asistía. Estaba en polo acuático y en los equipos de fútbol, y como estaba comprometido con ellos, se negó a irse al principio. Victoria estaba inconsolable de que Richard nos pudiera lastimar así. Era tan pequeña cuando nos casamos que lo veía como su padre sustituto. Le rompió el corazón al irse. Traté de guardar silencio sobre la mayor parte de lo que estaba pasando porque tenía miedo de molestar a Richard, y quería protegerlos de la fealdad de su comportamiento. Aunque Sabella y Leonardo tenían la edad suficiente para sospechar que algo estaba pasando, para Victoria, el trauma de ser expulsados fue más abrupto.

Así que rápidamente empacamos lo que pudimos y nos fuimos. Ser forzada a irme fue probablemente una de las cosas más difíciles que tuve que hacer como madre. Significaba que mis hijos y yo estábamos dejando la seguridad financiera y un techo donde vivir. Dejar nuestra vida como familia, sin importar cuán abusiva haya sido esta para mí. También dejamos todas nuestras posesiones, incluyendo artículos que eran especiales, como las fotos de bebés de los niños, las manualidades y artículos que mis hijos habían creado y recolectado a lo largo de los años. Dejamos muchos recuerdos preciosos ese día. Con las limitaciones de tiempo que nos dieron, no teníamos la capacidad de tomar todo; simplemente nos fuimos con la pequeña cantidad de cosas que necesitábamos para vivir.

Con la ayuda de un buen amigo, salimos dentro del período asignado de cuatro horas que nos había dado. Aunque mis amigos nos ayudaron a mudarnos, todo sucedió tan rápido que no pudimos llevar todas nuestras posesiones con nosotros. Leonardo tuvo que dejar sus videojuegos y su colección de trenes, que había comenzado a construir cuando tenía tres años, y Victoria dejó el trampolín que ella amaba. Ella continuó hablando de eso durante mucho tiempo después de que nos fuimos. También su carro de Barbie en el que le gustaba andar afuera, y muchos otros juguetes que eran especiales para ella. Abandonar a nuestro perro fue lo más difícil para ella. No teníamos un lugar para mantenerlo, y luego, una vez que encontramos un sitio, Richard se negó a devolver nuestras pertenencias, incluyendo a la perrita. Perder todo fue devastador para los niños. Mi corazón estaba roto, y no podía reunir las palabras para explicarles el error que había cometido al casarme con alguien que apenas conocía. Fue muy difícil para ellos, porque extrañaban la casa que habían llegado a amar. Tomó mucho tiempo y terapia para que los niños superaran esta pérdida.

Aunque tenía mi auto, tenía miedo de estacionarlo donde Richard pudiera verlo y encontrarme. El auto estaba a su nombre, y no quería que me lo quitara. Lo usaba para llevar a los niños a la escuela y buscar un trabajo. Estaba en un estado de estrés constante, hasta el punto de que no podía dormir. Sin embargo, sabía que tenía que aprender a tomar las cosas despacio y seguir hacia delante. Después de conocer a Richard, pasé de depender de mí misma a depender de él y me lo quitó todo porque no sabía cómo protegerme legalmente de él.

Al final, no estuvimos sin hogar por mucho tiempo, porque nuestra amiga nos permitió mudarnos con ella, lo que me dio tiempo para buscar un lugar propio.

Tan pronto como nos instalamos, supe que necesitaba tranquilizar a mis hijos para que estuviéramos bien. Les dije que encontraríamos un lugar en el mismo distrito escolar para que no tuvieran que dejar a sus amigos y la escuela. También les dije que se concentraran en sus estudios, que obtuvieran buenas calificaciones y que no se preocuparan. Les aseguré que me iba a encargar de todo. Para inspirar a Leonardo, le hice una gran promesa de que cuando se graduara, tendría una limousine que lo llevaría a la ceremonia de graduación. Oré para tener éxito y poder cumplir mis sueños para ellos. Sin embargo, secretamente tuve miedo de no poder hacerlo, debido a todos los obstáculos que se me presentaban.

Ya teníamos un lugar donde quedarnos, gracias a mi amigo, pero habíamos perdido casi todo y tendríamos que empezar de nuevo. A mis hijos les preocupaba no poder encontrar un lugar para vivir en ese distrito escolar, en ese momento yo no estaba trabajando, y la escuela a la que asistían estaba en una sección de la clase media alta de la ciudad. Para asegurarme en alcanzar mi meta lo más rápido posible, tuve que idear un plan una vez más. Junto con la angustia de todo lo que había sucedido, tenía que conseguir un trabajo y ganar dinero, encontrar un lugar propio para vivir, mantener a mis hijos en la misma escuela y consultar con un abogado para que me ayudara con mi divorcio. Así que hice lo que debía hacer y volví a iniciar mi negocio de limpieza. Me conecté con mis antiguos clientes y mantuve el negocio pequeño para poder ganar suficiente dinero, y también tener tiempo para comenzar a reconstruir mi vida. También encontré un trabajo preparando tragos en un bar los fines de semana.

Cada mañana me despertaba bien temprano para llevarlos a la escuela y que pudieran continuar su educación en el mismo lugar. Los consejeros de la escuela hablaban con frecuencia con los niños, lo que les ayudó mucho durante esta difícil transición.

Después de que nos divorciamos, Richard no me dejaba tranquila, y se presentaba en mi trabajo sin avisarme. También comenzó a retrasar los pagos de la pensión alimenticia, lo cual fue difícil para mí porque tenía que llamarlo para pedírselo. Después de un tiempo, dejó de seguir la orden de la corte y de darme el pago de cada mes. Ya no tenía dinero para seguir luchando contra él, y no quería ni verlo, así que nunca me pagó lo que le correspon- día. Todavía hoy día, me debe dinero.

Fue extremadamente difícil encontrar una casa en nuestro presupuesto, pero lo hicimos. Encontré una pequeña casa de alquiler que podríamos llamar hogar en el distrito escolar, para que mis hijos no tuvieran que renunciar a sus amigos y las actividades en las que participaban. Poco a poco, la decoramos y la hicimos sentir como nuestro hogar. Los niños estaban emocionados de tener sus propias habitaciones. Victoria estaba muy feliz de decorar su habitación, y la llevé de compras para que eligiera los detalles.

Ella amaba el color rosado en ese momento, y encontramos muebles blancos y detalles rosados. Tenía un montón de animales de peluche, especialmente perros, que puso en su cama. Hice todo lo posible para que los niños se sintieran cómodos y felices en la casa. Después de que nos instalamos, todavía estaba ocupada, pero decidí volver a la escuela y tomar algunas clases de educación general para poder hacer planes de carrera a largo plazo.

A pesar de nuestras circunstancias, mi hijo siempre cuidaba a su hermana pequeña y trabajaba duro para lograr sus objetivos. Terminó la escuela secundaria con honores, y a tiempo. Obtuvo una gran beca en una universidad privada y cumplí mi promesa de llevarlo a su graduación en una limousine blanca, rodeado de amigos y familiares. Incluso usé un pequeño vestido de lunares como tributo a lo que usé en la ceremonia que me ayudó a recuperar a Leonardo años atrás.

Lo que siempre me digo a mí misma y a mis hijos es lo siguiente: "La vida es como un juego de béisbol. Es posible que no pegues un cuadrangular cada vez que vayas a batear, pero si mantienes el ojo en la pelota y te concentras en lo que tratas de hacer, seguro que algún día, pegas un cuadrangular. Simplemente no puedes rendirte".

Un nuevo comienzo

Sin duda, la experiencia de dejar nuestra casa y volver a empezar fue aterradora. Seguí pensando en la expresión: "Siempre que una puerta se cierra, es porque otra se abre". Eso es exactamente lo que me pasó cuando reinicié mi empresa de limpieza. A través del mismo negocio de limpieza que me llevó a Richard, recibí una llamada de una doctora que vio mi anuncio en el periódico. La doctora quería que mi equipo ayudara a limpiar su casa, y aunque todavía no lo sabía, ella ayudaría a cambiar mi vida.

Quería ingresar al campo médico desde que había dado a luz a Leonardo, pero no tenía el tiempo ni el conocimiento para hacerlo. Todo había sido tan confuso en ese momento, especialmente porque era difícil entender exactamente lo que estaba sucediendo. Los problemas creados por no comprender el idioma se dificultaron más debido a la falta de intérpretes disponibles mientras estaba en el hospital y en el tribunal. Las situaciones por las que pasé me hicieron querer aprender a ayudar a otros, posiblemente interpretando para las personas hispanas que lo necesitaban. Al igual que otras personas que no podían hablar el idioma en una situación médica aterradora, yo había llorado esas mismas lágrimas. Había experimentado el dolor y la frustración de aprender un nuevo idioma. Y aunque fue difícil, lo logré, y supe que algún día, con mis habilidades de interpretación, podría ayudar a alguien. En este punto de mi vida, mi inglés era mucho mejor.

Después de enviar mis equipos de limpieza a la casa de la doctora, luego de un tiempo, decidí ir en persona a su casa para causar una buena impresión y posiblemente obtener información sobre el campo médico. Una vez que hablé con ella un poco, decidí preguntarle acerca de unirme al campo médico. Ella pensó que era una gran idea, y repasamos las universidades a las que podía ir y lo que tendría que aprender antes de ingresar al campo. Ella me dijo que iba a ser un trabajo muy duro y meticuloso, pero St. Louis necesitaba que gente como yo ayudara. Cuando le dije a Sabella que iba a ir a la universidad, se puso muy emocionada. Como ella estaba estudiando para ser enfermera, estaba feliz de que me uniera al campo médico, y eso nos dio más cosas de las que hablar.

Seguí el consejo de la doctora, me ofrecí como voluntaria en la clínica donde trabajaba y, mientras estaba allí, aprendí más sobre las necesidades de la comunidad hispana. Trabajé con médicos, y aprendí mucho sobre el campo de la medicina, lo que me ayudó a darme cuenta de que quería ser asistente médico.

Mientras asistía a la escuela para convertirme en asistente médico, conocí a una maestra maravillosa, que también era la directora de la escuela. Ella me enseñó los conocimientos básicos, y a trabajar desglosando la información más complicada, en segmentos que podía entender. No podría haberlo hecho sin ella.

Pedirle consejos sobre la vida también me ayudó. Ella me dijo: -"Ser parte del mundo requiere mucho esfuerzo, dedicación y la capacidad de saber la diferencia entre hacer que tu mundo sea tan perfecto como tú quieres que lo sea, o simplemente dejar que el mundo de tus sueños te pase por delante." - Y agregó: -"El mundo es un círculo, y tú eres la única persona que puede entrar y comenzar a cambiar tu vida en la dirección correcta."

Sus palabras me motivaron. Nunca había escuchado algo tan cierto, ni en aquel entonces ni ahora. Para mí, significaba creer en uno mismo, lo que hace una gran diferencia para cada uno de nosotros como individuos y, a su vez, para el mundo.

Seguir mis sueños fue difícil, pero valió la pena. Con dos hijos, tenía un horario completo. Sabella estaba lejos con su papá en ese momento. Era difícil no tenerla conmigo, pero decidió quedarse en Texas e ir a la universidad cerca de donde vivía su padre. Aunque ambas estábamos muy ocupadas con la escuela, nos las arreglábamos para hablar casi todos los días. La extrañaba mucho, pero me enorgullecía que estuviera estudiando en la universidad. Leonardo y Victoria tenían la escuela y las actividades en las que participaban. Fui a la escuela a tiempo completo. Grababa mis clases para poder escucharlas mientras completaba las tareas diarias, como hacer la cena o conducir en el auto. Aprovecharía el tiempo en que mis hijos estaban en sus actividades para completar mi tarea y estudiar. Era difícil de hacer, pero encontraba la forma. Mientras estudiaba, mantuve mi negocio de limpieza. Afortunadamente, pude contratar a alguien para que me ayudara a administrarlo, por lo que pude concentrarme en mis estudios durante la semana. Los sábados, trabajaba en un bar para tener dinero extra. Tenía experiencia previa en la industria y descubrí que trabajar con personas y comunicarme con los clientes mejoraba mi inglés y era divertido. Conocí a gente muy agradable, así como importante, a través de mi trabajo.

En la escuela y en mi trabajo, trabajé duro para dar lo mejor de mí. Debido a mi dedicación y mis calificaciones, me eligieron para dar un discurso en la graduación y se me otorgó un cordón especial de honor para usar con mi toga y birrete por tener asistencia perfecta y excelentes calificaciones. El día de la ceremonia, estaba tan feliz de ver a mis tres hijos sentados en la audiencia sonriéndome mientras hablaba. Todavía estoy en contacto con muchas personas que conocí en la universidad, y puedo decir con confianza que aprendí más de lo que podría haber imaginado por estas personas alentadoras.

Cuando terminé la universidad y recibí mi certificado como asistente médico, me fui a trabajar inmediatamente. Alrededor de este tiempo, decidí cerrar mi negocio de limpieza para poder centrarme en crear una carrera sólida y duradera en el campo de la medicina. Comencé mi pasantía trabajando con la doctora que me había animado a ir a la escuela, y me sorprendió gratamente cuando el personal de su oficina me contrató tiempo completo una semana más tarde, para el puesto de Flebotomista asistente médico. Fue una experiencia increíble. Después de trabajar allí durante unos tres años, noté que podría ayudar a más personas si entrenaba para ser intérprete.

Así que me tomé un tiempo libre de asistencia médica y volví a la escuela para convertirme en intérprete médico-legal para ayudar a la comunidad hispana. Quería convertirme en una voz para aquellos que no podían hablar por sí mismos y ayudarles a comprender sus situaciones legales o de salud. Para mejorar mis habilidades, también obtuve una certificación de interpretación y competencia cultural en entornos de salud mental, que me capacitó para trabajar con personas con trastornos mentales.

Esto me ayudó a entender cómo ayudarme a mí misma, así como a otros que luchan contra la depresión y la ansiedad.

Aprender más sobre los problemas de salud mental me permitió darme cuenta de que no estaba sola, que hay muchas mujeres (así como hombres y niños) que experimentan depresión, ansiedad y tristeza. Hoy, disfruto de mi trabajo como intérprete y también paso mucho tiempo como voluntaria en la comunidad hispana, especialmente visitando lugares de refugio, donde mujeres que han escapado de situaciones abusivas encuentran seguridad. No podría estar más feliz con la decisión que tomé de convertirme en intérprete, porque me abrió las puertas para ayudar y alentar a las personas que están pasando por situaciones muy similares a las que superé.

AMOR Y FE VAN DE LA MANO

Después de varios años de estar sola, me sentía libre de hombres intimidantes. Mi vida solo estaba relacionada con mis hijos y mi trabajo; era bueno ser independiente. Después de todo lo que había recorrido, nunca más quería depender de un hombre. Había trabajado muy duro sola para volver a ser estable y fuerte. Producía suficiente dinero para mantenerme junto a mis hijos, los cuales ya no eran niños. Como estaba tan ocupada, no pensé que tenía tiempo para una relación. A pesar de mi apretada agenda y todo lo que había vivido en el pasado en nombre del amor, siempre mantuve mi esperanza y mi fe en encontrar a alguien en quien confiar verdaderamente y compartir mi vida, pero eso no me preocupaba. Más que nada, quería a alguien que fuera una buena persona, que fuera amable y honesto, y que valiera la pena esperar, incluso si eso significaba una espera muy larga. Nunca quería volver a estar con alguien que me tratara mal. Una buena persona que supiera que el amor significaba respeto mutuo y cuidado, no quería arriesgarme a pasar por otra mala relación, ni que mis hijos volvieran a sufrir por esto. Así que me aseguré de cuidarme y sentirme realmente feliz con mi vida antes de volver a abrir mi corazón para amar.

Aunque conocer a alguien no estaba en mi mente en ese momento, no había olvidado el amor. Pasaron algunos años antes de que estuviera lista para dejarlo en mi vida. Antes de conocer a mi esposo actual, la persona que se convertiría en el amor de mi vida, pensaba: "Tal vez no tenga la oportunidad de conocer a alguien en quien pueda confiar lo suficiente".

Estaba preparando un trago en el bar cuando lo conocí. Me fijé en él en el momento en que entró. Se veía bien vestido. Su camisa estaba por dentro, su pelo estaba bien peinado y se veía muy limpio. Pensé que era guapo, por decir lo menos, pero tímido, un poco inseguro. No era que no fuera seguro de sí mismo, pero parecía que dudaba un poco y no sabía qué se suponía que debía decir cuando se sentó en el bar.

Yo estaba hablando con uno de mis clientes favoritos y su madre, pero le presté atención cuando entró por la puerta, nunca lo había visto antes. Ya tenía un tiempo trabajando en este restaurante, generalmente conocía a todos los que iban, ya fuera como un visitante habitual o irregular, noté que él era nuevo. Nos mirábamos los dos y él sonreía.

Mi cliente se divertía al ver que este caballero y yo nos mirábamos desde el otro lado del bar y, después de evaluar la situación, ella me animó a hablar con él. Parecía ser callado.

Estuve ocupada durante la noche, pero no quería perder el tiempo. Lo saludé y le di un poco de salsa, tortilla chips y un vaso de agua, y luego continué haciendo bebidas para otros clientes y mi trabajo como de costumbre. El bar tenía un espejo en la parte de atrás, y cuando lo miré, su mirada era la misma: seguía mirándome.

Trabajé rápido, asegurándome de que todos estuvieran listos con las bebidas y la comida para poder hablar solo unos minutos con él. Regresé y le pregunté si le gustaría probar "mi margarita especial", con tequila de primera calidad, triple sec y cítricos frescos. Estuvo de acuerdo, y durante el resto de la noche, charlamos sobre el bar y entre las oleadas de clientes que entraban.

-"Me llamo Argentina. ¿Y tú, cómo te llamas?", - pregunté por fin.

-"Hola, Argentina. Mi nombre es David", -dijo con una sonrisa.

A medida que la noche se hacía más larga, uno de mis clientes regulares entró en el restaurante. Le pedí de favor y le supliqué que averiguara sobre este hombre con el que había estado hablando toda la noche, a lo que estuvo de acuerdo. Bebida en mano, se dirigió al bar y conversó con el apuesto caballero que mis ojos miraban. Se volvió hacia mí varias veces y me guiñó un ojo, haciéndome saber que estaba todo claro: parecía ser un buen tipo.

Ya estaba más tranquila, regresé donde estaba sentado. Hicimos contacto visual varias veces y luego llegó el momento de que se fuera. Me dio su número, y se marchó.

David me gustó mucho, y nuestra conexión, aunque breve, me dio esperanza de poder amar de nuevo. A medida que pasaban los días, venía una y otra vez, y aunque nuestras conversaciones fueron breves, para mí eran emocionantes. Un sábado, David entró y comenzó una conversación conmigo acerca de su amor por el béisbol, y mi corazón se agitó porque compartía la misma pasión de mi infancia en la República Dominicana. A medida que se desarrollaba la conversación, me dijo que era titular de boletos de temporada y luego me ofreció boletos para un juego de los Cardenales. Esta fue mi oportunidad, mi "boleto" para conocerlo. Me los entregó y le pregunté si nos acompañaba al juego con mis hijos.

Cuando fuimos al juego, me di cuenta de inmediato que David era un gran tipo. Mis hijos se llevaban bien con él desde la primera vez que lo conocieron. Nos divertimos mucho ese día. Después de ese juego, David y yo nos veíamos con más frecuencia, y no pasó mucho tiempo hasta que se convirtió en parte de la vida de mis hijos. Él nos invitó a más juegos de béisbol, y salíamos a comer juntos a menudo. David nunca había tenido hijos y disfrutaba pasar tiempo con Leonardo y Victoria. Cuando Sabella venía a la ciudad, cocinábamos barbacoas con la familia. A David le encantaba, y los platos dominicanos que preparaba era una ventaja. David se involucró mucho y asistía conmigo a las actividades escolares de mis hijos. Me di cuenta de que él los cuidaba, y me alegró saber que a mis tres hijos les gustaba David. Para mí, él era perfecto: era amable y considerado, y el brillo de sus ojos iluminaba mi alma. Era como si me hubieran entregado a David en el momento perfecto, en el lugar perfecto. Nunca había perdido mi fe en encontrar a alguien que fuera una buena persona, y en mi opinión, él era mi recompensa.

Aunque había conocido a David a través de mi trabajo como bartender, una cosa que me pareció especialmente preocupante después de conocerlo, era su dependencia del alcohol. Le dije que también luchaba contra el alcoholismo, pero que estaba planeando dejar de beber y que si quería tener una relación conmigo, tendría que hacer lo mismo. Así que le pedí que entrara en rehabilitación y se limpiara.

Al recordar que mi padre había fallecido por el alcohol me daban ganas de dejarlo. Sabía que había estado bebiendo demasiado, y trabajar en el bar no ayudaba. Después de divorciarme de Richard, continué tomando. Sabía que debía haber recibido algo de ayuda, pero dependía demasiado del alcohol para dejarlo y bebía para intentar sentirme más feliz. Tenía que parar porque ahora estaba desarrollando mi carrera como intérprete, y mientras más bebía, en lugar de sentirme más feliz, me deprimía más. Los niños y yo todavía estábamos bien, pero ya era hora de abandonar ese hábito. Comencé a comprender lo importante que era para nosotros superar esto juntos. Trabajar en el campo médico e interpretar en la corte me enseñó mucho sobre los peligros del alcohol. Eso me convenció aún más de erradicarlo de una vez por todas.

Comencé a recopilar información y aprendí sobre varios programas y recursos gratuitos que estaban disponibles. Si quería hacer algo, necesitaba hacerlo por mí misma. Después de dudar por un tiempo, gané el coraje de dar un paso en la dirección correcta y comencé a avanzar hacia mi objetivo de superar mis problemas con el alcohol. Descubrí que hay una gran cantidad de información gratuita disponible a través de bibliotecas, iglesias y sitios web, y también simplemente contactando a aquellos en quienes confié. Primero tuve que aprender a no avergonzarme más por mis problemas y admitir que tenía un problema, y luego pude buscar la ayuda que necesitaba.

David y yo decidimos ir juntos a Alcohólicos Anónimos. Ambos nos divertimos haciendo amigos, y apoyamos el crecimiento de los demás a través de estas reuniones. Son un recurso increíble y son gratuitos. Lo que aprendí es que no puedes obligar a alguien a cambiar. Si esperas una persona diferente en una relación, puedes que termines decepcionado. Sin embargo, como ambos estábamos dispuestos a hacer sacrificios el uno por el otro en nuestra relación, trabajamos para superarlo. Descubrí que ese era el factor clave. La voluntad de hacer sacrificios y crecer juntos, en lugar de esperar que solo la otra persona cambie.

Para mí, David fue una bendición. Hablaba con Dios a diario (y todavía lo hago) para mantener mi fe fuerte y mis esperanzas elevadas, y David fue el regalo de Dios para mí. Este regalo de amor y colaboración no me fue entregado, pero fue presentado como una oportunidad para crecer juntos.

Deshacerme del alcohol en mi vida no fue fácil (especialmente mientras trabajaba como bartender), pero valió la pena. Una vez que dejé de beber, perdí a una de mis mejores amigas por eso. Ella no parecía disfrutar de mi compañía tanto como antes, y finalmente nos separamos. Fue triste, pero me di cuenta de que ella no podría haber sido una verdadera amiga si quería que siguiera haciéndome daño con el alcohol. Aunque la extraño, aprendí a amarme más, y sé que hice lo correcto. Incluso ahora, todavía salgo a tomar unas copas con mis amigos, claro que mis bebidas no tienen alcohol, por supuesto. Pero todavía es divertido estar con ellos. No necesito sustancias para divertirme, y eso está bien, tanto para mí como para mis amigos. Ahora que ya no tomo, siento que tengo control sobre mi vida, me he vuelto más saludable y feliz.

COMENZAR DE NUEVO

A medida que David y yo seguíamos acercándonos, supe que era hora de contarle sobre todos los eventos de mi vida, buenos y malos, que me habían llevado a este punto. Le conté todo, incluso sobre la ira, el abuso y el alcoholismo de mi padre, sobre las malas decisiones que había tomado para los padres de mis maravillosos hijos y sobre cómo, debido al abuso, había luchado contra la ansiedad y la depresión durante la mayor parte de mi vida adulta, pero realmente no había hablado de cómo me sentía o entendía lo que estaba pasando conmigo. Fue durante este tiempo, cuando Leonardo estaba a punto de irse a la universidad, mi depresión empeoró y empecé a tener pesadillas de cuando me quitaron a Leonardo en el hospital. Tenía tanto miedo de perderlo para siempre, ya que era la primera vez que se iba de mi lado por más de un par de días.

Decidí volver al pueblo montañoso donde comenzó todo y revisar los registros de la corte, enfrentar mis miedos y obtener un poco de cierre mental. Mi buena amiga Lucecita aceptó gentilmente ir conmigo a revisar los documentos de la corte que no entendí en aquellos años. Sin embargo, cuando comencé a rememorar las escenas dolorosas, los horribles recuerdos me perseguían. Tuve un ataque de pánico. Mi presión sanguínea se elevó y no bajaba, empecé a llorar incontrolablemente. Lucecita me llevó al hospital.

Cuando recobré mis sentidos de nuevo, no podía creerlo; estaba en un hospital en la misma ciudad donde había perdido a mi hijo hacía mucho tiempo. Aunque no me di cuenta en ese momento, sufría de depresión severa. Mientras estaba allí, vi a un psiquiatra que habló conmigo y me dijo que, en su opinión, había estado viviendo con depresión durante mucho tiempo.

Mi ansiedad comenzó en mi infancia mientras crecía en un hogar abusivo, y como nunca recibí ayuda, siguió empeorando a medida que crecía como adulta. La combinación de ansiedad y tristeza por el hecho de que mi hijo se fuera a la universidad finalmente llegó al punto donde era demasiado. Me dieron medicamentos para la ansiedad y dijo que necesitaba continuar la terapia cuando regresara a casa.

Cuando llegué a casa, David me vio en mi punto más bajo y permaneció a mi lado durante este momento tan difícil. Se ganó mi confianza y supe que podía contarle lo que sucedió. Había guardado todo por tanto tiempo, y no podía soportar permanecer en silencio. Continuamos hablando abiertamente, y me di cuenta de que no me dejaría. Él me amaba, y yo lo amaba, y mientras pasaba por estos momentos, él siempre estuvo allí y me entendía. Comencé a ver a un psiquiatra y me diagnosticaron depresión y ansiedad. Tomé medicamentos y empecé a sentirme mejor, pero descubrí que si no los tomaba o reprimía los sentimientos tristes, la ansiedad comenzaba y luego los sentimientos de depresión. Aprendí que la ansiedad se manifiesta a través de la preocupación intensa, el miedo, los recuerdos de experiencias dolorosas pasadas, la incapacidad para dormir y la sensación de inquietud, lo que puede provocar sentimientos de desánimo, y si los sentimientos de tristeza duran demasiado tiempo, pueden llevarte a la depresión.

Mientras intentaba recuperarme, caminaba, escuchaba música y hacía todo lo que se me ocurría para mantenerme ocupada. La medicina sola no me salvaría, pero tuve que elegir hacer tareas que me dieran alegría y alejarme de la oscuridad sombría que fácilmente puede caer sobre una persona que no se mantiene enfocada en lo que está por delante. Me volví muy disciplinada sobre el asesoramiento y los medicamentos. Al principio, veía al psiquiatra una vez a la semana y, a medida que mejoraba, era solo cada dos semanas, y luego solo cuando tenía chequeo. Aprendí que cuando me sentía triste, no podía ignorar mis sentimientos, así que hablaba con mi psiquiatra, un amigo o mi pastor. Ser diagnosticada con depresión también me ayudó a entender mejor a los pacientes con los que trabajaba. Podía entender las cosas que estaban atravesando.

David continuaba a mi lado y me apoyaba en todo junto a mis hijos. Finalmente había encontrado a alguien que me respetaba a mí y a mis hijos también. Un día, David me llevó a un parque y me sorprendió al pedirme que me casara con él. Me llené de alegría y dije que sí. Nos casamos aproximadamente un año después de que él me lo propusiera.

Poco después de comprometernos, Richard se enteró. Había estado dándome malos ratos después de divorciarnos. Un día, David recibió una larga carta de Richard. Decía que yo era una persona terrible, mala esposa y mala madre, que yo era una basura. Fue una carta extremadamente brutal y desagradable, y al descubrirlo, estaba completamente mortificada. Ya le había hablado a David sobre mi pasado y las malas decisiones que había tomado, incluyendo por todo lo que Richard me había hecho pasar, pero tenía miedo de que David cambiara su forma de pensar hacia mí después de leerla. Afortunadamente, tenía un hombre maravilloso que no dudó de mí. Me dijo que Richard estaba en el pasado. Ambos acordamos dejar atrás la carta.

David me ayudó a darme cuenta de que podía seguir adelante. Habían pasado tantos años tratando de arreglar mis fallas, pero me di cuenta de que tenía que dejar de pensar en el pasado. Si pensaba en los errores cometidos años antes, nunca disfrutaría el presente o el futuro. Estaba en un lugar nuevo en mi vida y comencé a ver lo lejos que había llegado. Estaba feliz porque finalmente había encontrado a alguien que me entendía; Realmente dábamos lo mejor de cada uno en nuestra relación.

El día de mi boda, ahí estaba yo con el amor de mi vida. En mi hermoso vestido elegido por mis encantadoras hijas, Victoria y Sabella; escoltada por mi maravilloso y guapo hijo, Leonardo. Rodeada de flores rosadas, blancas, rojas y púrpuras en Jewel Box en Forest Park, St. Louis. Era primavera, y el clima era magnífico. Me sentí hermosa con mi vestido de novia, y tan emocionada, porque era la primera vez que usaba un vestido de novias tradicional. Por primera vez en mi vida, sentí que era yo misma. Había llegado tan lejos y era mucho más fuerte. Me había graduado de la universidad, tenía un trabajo estable que me encantaba y una confianza genuina. Me casé, en mis términos, con un hombre al que realmente amaba y respetaba, y por un pastor de mi elección, también por primera vez. ¡Finalmente fue como debía ser, y no podía creer que estuviera sucediendo, de la manera correcta, por fin! David se agregaba a mi éxito y felicidad. Al fin tuve un esposo que era querido por mi familia. Una de sus hermanas dijo que lo salvé, pero yo digo que nos salvamos mutuamente. Significó tanto que nuestras dos familias dieran su bendición.

Todo fue exactamente como lo imaginé. Mis amigos y mi familia estaban allí, y el día era hermoso. Quería darle a David algo de corazón, así que le escribí una canción que le canté en la boda. Las aguas de la fuente frente al edificio bailaron como lo hicimos durante toda la noche. No pude evitar pensar que mi maravillosa abuela, Rhafaela, me estaba sonriendo, había encontrado el amor, pero primero me había encontrado a mí misma. Ahora yo era mi propio ser y había liberado todos mis secretos.

Epílogo

Hoy día soy intérprete médico-legal. Mi pasión. A través de mi trabajo, ayudo a otros que luchan no solo con el idioma, sino también con los que no saben expresarse por sí mismos. Cuando me senté a escribir este libro, fue difícil, porque nunca había podido exteriorizar el dolor que había pasado. Seguí escribiendo porque necesitaba expresarme. Tenía que contar mi historia. Estuve callada por mucho tiempo, manteniendo encerrado el dolor que había experimentado, pero ya era hora de sacarlo todo. Al principio tenía miedo de contar mi historia, pero es peor permanecer callado, así que cuando comenzaba a hablar de ella, me sentía mejor. Lo hice así, y era hora de dejarlo salir. Al principio me preocupaba lo que dijeran los demás después de escucharla, pero sabía que el primer paso para superarlo era darla a conocer. Escribir me ayudó a entender que si quería seguir hacia delante, tenía que dejar de culpar a los demás y de culparme a mí misma de mi pasado. No sé por qué nos pasan cosas malas, pero una cosa sí sé, y es que tenemos que aprender a perdonar a las personas que nos han herido y perdonarnos a nosotros mismos por las decisiones que hemos tomado. Más que nada, quería que Leonardo supiera la verdad; merecía saber la verdad. El luchar por él con todo mi corazón, y superando todos los obstáculos que tuve en mi camino, me dio la fuerza, y cambió el curso del futuro de nuestra familia.

Durante los tiempos difíciles, descubrí numerosos programas y organizaciones que brindan orientación y apoyo. Aprendí que el primer paso es pedir ayuda. No importa cuán grande o pequeña sea la pregunta, nunca debemos avergonzarnos por preguntar. Una de las organizaciones que encontré a través de la Internet es Celebrate Recovery, un increíble programa que me ayudó a enfrentar y superar la queja y el dolor de mi pasado. Hay reuniones que se realizan en todo los Estados Unidos y están disponibles gratuitamente. El programa enseña a las personas a superar retos, y las reuniones son dirigidas por personas amorosas que siempre escuchan.

Para superar mi adicción al alcohol, asistí a reuniones de Alcohólicos Anónimos, que también son gratuitas. Mientras aprendía a controlarme, me beneficié de estas reuniones. Estas organizaciones están destinadas a ayudarnos, pero al final, el cambio está en nuestras manos y el primer paso es buscar ayuda.

Sin estos increíbles recursos no estaría donde estoy hoy. Más tarde descubrí otras fuentes, que en aquel entonces hubiera deseado tener acceso cuando estaba atrapada en el abuso y la depresión. La línea directa nacional de violencia doméstica está disponible y puedes llamar 24/7. Incluso si no hablas bien el inglés, no dudes en llamar. Ellos encontrarán una manera de ayudarte y conseguir intérpretes.

A veces, en situaciones angustiosas, puedes sentir que no tienes ninguna esperanza de escapar. Para algunos de nosotros, esto puede llevar a la ansiedad y a la depresión. La depresión es uno de los sentimientos más dolorosos que se pueden experimentar. Es un dolor interior profundo que es casi imposible de entender o explicar. Cuando caminaba por ella, me resultaba difícil encontrar el coraje para buscar ayuda. No quería admitir que estaba sufriendo, y temía lo que otros pensaran de mí. No quería que me miraran de manera diferente o que me consideraran que no servía para nada. Los pensamientos negativos nublaron mi cerebro, y no importaba cuánto lo intentara, no podía sacarlos de mi corazón o de mi mente. Estos pensamientos me controlaron. Me sentí completamente atrapada, como si ya no tuviera el control de mi vida. Cuando te sientas deprimido, es importante que le cuentes a alguien cómo te sientes. Habla con un miembro de la familia, un amigo, un consejero o un médico. Incluso si sientes que no hay nadie en quién puedas confiar, todavía hay esperanzas. El equipo del comportamiento de salud es un recurso útil para quienes luchan contra la depresión o atraviesan una crisis de salud mental. Ellos han entrenado consejeros disponibles 24/7 para cualquier persona.

Celebrate Recovery: www.celebraterecovery.com
Alcohólicos Anónimos: www.aa.org
Línea directa nacional de violencia doméstica:
  1-800-799-7233

**Respuesta de salud del comportamiento: 1-800-811-4760
Línea de vida para la prevención del suicidio:
1-800-273-8255
Lifeline Para Prevención del Suicidio: 1-888-628-9454
Conexiones seguras (Línea directa de crisis para mujeres
24/7 en St. Louis): 1-314-531-2003
Servicios para crisis de vida (línea directa de prevención de
suicidio): 1-314-647-4357**

Mientras estaba en mi relación abusiva, nunca sabía cuándo me quitarían mi teléfono, así que anotaba los números importantes y los guardaba en un lugar seguro. Es importante tener números que sean fácilmente accesibles. En base a mi experiencia y a lo que he observado en mi trabajo, aconsejo lo siguiente: Siempre estar atento a tu entorno y saber dónde te encuentras, en caso de una emergencia. En las relaciones abusivas, puede ser peligroso contraatacar. Descubrí que si discutía más, se intensificaba la ira de mi atacante, al igual que mis posibilidades de ser herida o lastimada. Aprendí a escuchar y a pensar bien lo que iba a decir antes de responder. Descubrí que lo que mejor me funcionó fue pensar primero, hacer un plan y luego tratar de encontrar la manera correcta y el momento perfecto para liberarme de mi situación.

Durante años, mi impotencia me ahogó en el alcohol, y me llevó a la tristeza y la depresión. Cuando uno se deprime, es muy fácil aislarse de los demás, pero es crucial encontrar a alguien en quien confiar. Estoy agradecida por mi familia y amigos que siempre estuvieron allí para escuchar, y por los programas, organizaciones y mi iglesia que me ayudaron en el camino y me inspiraron a seguir adelante.

Además de sentirme aislada, también era difícil encontrar el deseo de completar las tareas cotidianas. Tenía que encontrar una manera de motivarme. Cualquier cosa, que me inspirara a querer superar otro día. Sugiero anotar metas, esperanzas y sueños, y no importa cuán débil te sientas, sigue intentando. Escribí las cosas que quería comenzar a hacer. Practicar algún deporte, pasear e ir a la biblioteca puede ser bueno para superar la ansiedad y la depresión. Busca actividades que te saquen de la casa y puedas estar alrededor de otros. Es importante encontrar por lo menos un buen amigo o un miembro de tu familia al que le puedas decir que estás en tratamiento con un médico.

Si tomas medicamentos, es muy importante no dejar de hacerlo. Cuando paré de tomarlos, fue fácil volver a caer en la depresión. Confía en tu médico y sigue sus instrucciones, porque ellos han pasado por años de educación y saben bien lo que hacen. A veces puede ser vergonzoso reconocer una condición médica. Me fue difícil admitir que estaba viendo a un psiquiatra o tomando medicamentos, pero me di cuenta de que no era nada de qué avergonzarme. Tomar medicamentos a diario para el tratamiento de la depresión no es diferente del tratamiento a diario para la diabetes, hipertensión y muchos otros. No debemos sentirnos avergonzados.

Orar a diario me ayudó a sobrellevar todas las situaciones por las que pasé, era importante mantener mi fe fuerte y firme. Toda mi vida he tenido la fe en Dios, pero es algo con lo que he luchado a veces. Oraba todos los días, incluso cuando pensaba que con todas las cosas que pasan en este mundo, Dios no tenía tiempo para mí. Nunca entendí realmente por qué me pasaban cosas malas a mí o a otras personas, pero sabía que siempre estaba allí para escuchar. Y debido a eso, me sentía tranquila y cómoda cada vez que oraba.

Siempre tenía fe en que lograría lo que me propusiera, cuando me proponía metas y no vacilaba en lograrlas, oraba, me centraba en agradecer a Dios por las cosas buenas que me había dado. Es más fácil fallar cuando te concentras en lo malo. Al cambiar mi enfoque hacia las cosas buenas, me sentía con extraña confianza de que Dios tenía el control de principio a fin.

Independientemente de lo que estaba pasando en mi vida, me aseguré de concentrarme en lo bueno y en todo lo que había logrado. También comencé hacer voluntariado, y me hizo entender que tenía un propósito en la vida. Ayudar a otros me ayudó a sentir que tenía algo que dar. Dedicar tiempo para ayudar a los demás puede ayudar a tener una perspectiva de la vida y mantenerte motivada. El voluntariado me dio algo para apasionarme y para mi corazón. Hay muchos lugares para servir, como hogares de ancianos, hogares para mujeres maltratadas y hogares de niños.

La ansiedad y la depresión pueden ser un problema para las personas que están aisladas por el idioma, la pobreza o el trauma. Algunos adultos se avergüenzan de admitir que tienen problemas emocionales o no saben cómo obtener ayuda. Los adolescentes y los niños pueden verse muy afectados, y a menudo no les dicen a sus padres que están deprimidos. Pueden comenzar con un consejero escolar, que también puede involucrarse en la comunidad.

Aunque, para algunos de nosotros, obtener una educación es casi imposible, es esencial avanzar. Ya sea para obtener un título de asociado o ir a una escuela de oficios, podría significar una diferencia en una carrera sólida. Como mujer, es difícil encontrar un trabajo, pero es crucial hallar un camino. Puede significar algunos años de caos y obstáculos, pero valdrá la pena. En mi caso, sabía que tenía que ir a la escuela y comenzar una carrera si quería ser independiente y poder darles una mejor vida a mis hijos.

Hoy, la he terminado, tengo un título y he enseñado a mis hijos la importancia de la educación. Sabella tiene una licenciatura en enfermería, Leonardo se graduó de una universidad privada con una licenciatura en justicia penal y ahora trabaja en su campo, y Victoria acaba de comenzar a tomar clases.

Cuando miro hacia atrás, la lección más importante que he aprendido en mi vida es creer en mí misma. Me tomó mucho tiempo darme cuenta, pero aprender a creer en mí, fue la clave de mi éxito. Cualquier cosa es posible, pero depende de cada uno hacer que suceda. Somos más fuertes de lo que pensamos. El ser intrépido, valiente y audaz, te ayudarán a vencer cualquier obstáculo que se te presente. Sinceramente espero que cualquier persona en una situación de abuso, físico, mental o emocional, como yo, pueda encontrar la fuerza para salir.

Para cualquiera que esté pasando por esta situación, comparto su dolor. Debes de saber que no estás solo, hay muchos en el mundo como tú. Una vez que encuentres a alguien que pueda escucharte, o donde puedas obtener ayuda, no seas tímido ni te quedes callado, solo tú puedes dar el primer paso. Recuerda, el silencio no es una opción. El solo compartir con alguien por lo que estás pasando puede ser tu puente hacia la libertad.

Es una gran alegría ver a mis hijos crecer y convertirse en personas amorosas y cariñosas. Si bien el camino no ha sido fácil, siempre han sabido que son amados por su familia. Es importante para mí que hayan leído mi historia y que hayan ofrecido su apoyo para terminar este libro. Leonardo y Sabella, que ya han crecido, quisieron contribuir con sus comentarios desde su perspectiva. (Además, Leonardo fotografió y contribuyó con la portada utilizada en este libro, por lo que estoy agradecida). Victoria, mi hija menor, que no tiene problemas para defenderse, puede que nunca tenga los problemas por los que yo pasé, por no revelar mi verdad. A pesar de que dijo que no se sentía cómoda discutiendo su perspectiva en el libro, estuvo de acuerdo de ser incluida en él.

NOTA DE LEONARDO

Creo que tenía como tres años, recuerdo estar sentado en una silla muy cómoda de tamaño infantil, y estaba mirando mientras mi madre pasaba la aspiradora alrededor mío, y fingía que la aspiradora era un monstruo, y yo regresaba a mi silla de un salto. Nos divertíamos mucho. Ella se alejaba y luego se me acercaba, y lo hacía de nuevo. Ella hacía esto continuamente hasta terminar de usar la aspiradora.

Aunque su horario de trabajo era un poco difícil, siempre nos arreglábamos para cenar todos juntos en familia casi todas las noches. Nos sentábamos todos juntos en el sofá de la sala y veíamos la serie de Full House. Incluso cuando pasamos por momentos difíciles, mi madre mantenía a nuestra familia unida. Ella es una de las personas más agradables que conozco. También podía ser muy seria cuando tenía que serlo. Si hacía algo mal, ella me sentaba o me perseguía si tenía que hacerlo. Me enseñaba la lección y luego se aseguraba de que nunca volviera a hacerlo.

Recuerdo que cuando era un pequeño mocoso, alrededor de los cinco o seis años, tomé algo de dinero del bolso de mi madre porque quería enseñarlo en mi escuela a mis compañeros de clase. Más tarde ese mismo día, mi madre se presentó a mi escuela cuando descubrió que faltaba el dinero. Me preguntó si sabía dónde estaba su dinero. ¡Me hice el tonto y le dije que no tenía ni idea! Luego, me puse a pensar: "¿Cómo iba a llevar este dinero a su bolso sin que ella se diera cuenta?"

Cuando me fue a buscar a la escuela, me esperó con una sonrisa en su rostro, queriendo ver mi mochila. Fue entonces cuando supe que estaba en problemas. Después de que encontró el dinero, me sentó y me habló durante lo que pareció una hora, enseñándome sobre el dinero, el robo y la gratitud, y el más importante de todos: el perdón. Ella me perdonó por robar 100 dólares que eran para pagar los gastos mensuales. Eso me dejó perplejo. Pero, desafortunadamente, eso no me libró de estar castigado por un tiempo.

También recuerdo que tenía nueve años más o menos, y mi madre nos llevaba a mí y a mi hermana de regreso a la escuela, para que pasáramos tiempo juntos. Ella nos dejaba en la guardería de la universidad mientras iba a su clase de inglés por la noche. En el camino a casa, íbamos en el auto y cantábamos con cualquier CD que decidiéramos poner. La música que mi mamá seleccionaba siempre era estimulante. Habían días en los que ella se emocionada con la canción y solo me miraba a mí y a mi hermana y nos decía: "Los amo".

Cuando tenía alrededor de 11 años, mi madre comenzó su propio negocio de limpieza de casas y me pidió que creara un nombre. Para mí, fue tan genial que ella me confiara tan importante tarea. Tomé esto muy en serio e hice una gran lista de nombres. Ese mismo año, mi mamá decidió que todos fuéramos bautizados. Estaba tan emocionado; mi hermana y yo disfrutábamos ir a la iglesia los domingos, principalmente por la música y por tener el chance de convencer a mi mamá de llevarnos a almorzar a IHOP de regreso a casa.

Me gradué de la universidad y empecé a trabajar. Tengo muchos amigos y no puedo pedir nada más. Estoy en salud, y mi mamá se asegura de eso. Después de leer este libro, me siento más orgulloso de mi madre y de todo lo que ella ha hecho por mis hermanas y por mí. Es una de las mujeres más fuertes que conozco. La amo y sé que no estaría donde estoy hoy si no fuera por su perseverancia de luchar por nosotros y ser la mejor madre de todas.

NOTA DE SABELLA

Fuerte, inteligente y cariñosa, estas son solo algunas palabras que me vienen a la mente cuando pienso en mi madre. Es fuerte porque su vida no ha sido exactamente un cuento de hadas, de unicornios y arcoíris. ¿Te imaginas tener que luchar por tu hijo y sentir el miedo de perderlo para siempre? Mi madre, de ascendencia hispana, que apenas hablaba inglés, sin dinero, una visa caducada, esperando para renovarla y sin familia a quien acudir. Tuvo que enfrentarse a una jueza y convencerla de que ella realmente era digna de mantener a su hijo. En ese momento, no tengo ninguna duda de que estaba desesperada, sola y traicionada, pero ella se mantuvo firme porque quería que sus hijos fueran fuertes. Y lo somos.

También es inteligente, como lo demuestran todos sus logros. Mi madre, de buen corazón con un historial humilde, logró convertirse en ciudadana de los EE. UU. Fue a la escuela y fundó un negocio independiente. Pudo haber tomado muchos otros caminos, otras decisiones, pero decidió tomar las más inteligentes, porque quería que sus hijos fueran inteligentes. Y lo somos.

Mi mamá siempre trató de crear momentos que recordáramos para siempre. Puedo recordar innumerables aventuras emocionantes que compartimos. Finalmente, está feliz con un hombre maravilloso que la ama y la aprecia, la protege e incluso la consiente. Mi madre es amorosa. Su amor es como ningún otro. Aunque ella y yo no siempre hemos estado juntas, siempre ha estado para mí. Siempre he sabido que su dulce voz de amabilidad y gran consejo está a solo una llamada. Nos ha enseñado a ser amables y nunca a pagar el mal con el mal, sino con el perdón y el amor, porque quería que sus hijos fueran amorosos. Y lo somos. Gracias, mamá, por ser fuerte, inteligente y amorosa, porque estos son valores que se transmitirán a tu generación futura.

Victoria

Cuando mi hija menor, Victoria, estaba creciendo, teníamos una relación muy estrecha y un vínculo especial, tal vez porque ella era la bebé de la familia. Hacíamos muchas cosas juntas, como andar en bicicleta, arreglarnos las uñas e ir de compras. Valoré su opinión y quería que fuera feliz por encima de todo. Era mi única hija que todavía vivía en casa, porque Sabella estaba de regreso en Texas y Leonardo en la universidad. Quería asegurarme de que Victoria realmente quisiera a David, y ella era muy abierta en expresar lo que sentía hacia él. Ya era suficientemente madura y capaz de formar sus propias opiniones. Siempre he estado orgullosa del hecho de que es capaz de decir lo que piensa y no tiene miedo de expresarlo.

Victoria ahora es estudiante a tiempo completo y también trabaja a tiempo completo en el sector bancario. Ella siempre ha sido madura, y una persona responsable. Cuando estaba en la escuela secundaria, tenía muchas obligaciones y muy dedicada a varias actividades extracurriculares. Me encantaba asistir a las actuaciones de su coro escolar y animarla en las competencias de natación del condado.

Tiene muchos amigos con los que sale con regularidad. Le encanta hacer ejercicio y jugar con su perro, Honey. No podría estar más feliz con ella, todavía vive conmigo, y la veo a diario. Actualmente, me dice que no está lista para compartir sus sentimientos y revivir la historia, y respeto su opinión y su forma de pensar.

Agradecimientos

A lo largo de este viaje compartiendo mi historia, he sido bendecida con muchas personas que me motivaron y me alentaron. Sin los amigos, la familia y los mentores que siempre estuvieron ahí para mí, hubiese sido muy difícil terminar este libro.

Agradecer a mi editor, Andrew Doty, por ayudarme a conectar todos los puntos y por darle vida a mi libro. También me gustaría agradecer a Susan Fechter por entrenarme y guiarme en el proceso de escritura. Aprecio que te hayas tomado el tiempo para tomar el té conmigo y discutir mi historia. Gracias por responder cuando te llamaba y por brindarme comentarios honestos y bien pensados. Me ayudaste a inyectarle nueva vida a mi historia, a sacar mi voz desde dentro de mí y ayudar a poner este proyecto en el camino que está ahora. Estoy muy agradecida por ti. Gracias a mi amiga Emma Norman por el tiempo dedicado a leer y ayudarme con mi libro. Te aprecio mucho. Gracias, Kari Meléndez, Charles Newton, el Sr. Barklage y el Pastor JT por leerlo y por darme sus comentarios.

A la Dra. Rosa Myles por animarme a unirme al campo médico e inspirarme a volver a la universidad. Me ayudaste a ver que de hecho podía tomar el control de mi vida e ir tan lejos como me llevaran mis sueños. Agradecer a mi amiga Brandy Scheer y su familia por permitir que mis hijos y yo nos quedáramos con ellos hasta encontrar nuestro propio lugar.

A mi familia, me alegra que siempre hayamos encontrado una manera de estar cerca aunque vivamos a kilómetros de distancia. Lo más importante, agradecer a mi maravilloso esposo por amarme exactamente como soy y por comprender que mi pasado es parte de mi futuro. Por mis hijos, que iluminan mi vida con alegría, le agradezco a Dios cada día.

Sobre la autora

Argentina Parra creció en la República Dominicana y se mudó a los Estados Unidos a principio de sus veinte años. Poco después de mudarse a América, su sueño tomó un giro equivocado. A pesar de que ella pasó por muchos años de abuso físico, mental y emocional, ha continuado perseverando y superando cada prueba que ha enfrentado con fuerza. El silencio no es una opción, es la memoria inspiradora, emocional y valiente de cómo logró defenderse contra la ansiedad, la depresión y las relaciones abusivas.

Hoy en día, Argentina es una intérprete médico-legal con un título de asistente médico asociado y actualmente trabaja en St. Louis con la comunidad hispana. Está feliz de poder ser un puente para ayudar, guiando a personas que están pasando por intensas dificultades. Argentina está contenta con el lugar que le ha traído su vida, y su deseo es ayudar a otros a descubrir cómo encontrar la belleza en las cenizas, y poder crecer y florecer en medio del dolor.

Para conocer más sobre la autora o contactarla, visite ArgentinaParra.com.

www.ingramcontent.com/pod-product-compliance
Lightning Source LLC
Chambersburg PA
CBHW060456080526
44584CB00015B/1448